기적의 1초 습관

기적의 1초 습관

원하는 삶으로 변화시키는 미라클 솔루션

엄남미 지음

FIKA

Contents

✦

나를 위한 시간

어느 순간 아침에 일어나기가 너무나 싫었다. 이 막막한 세
상에서 잘 살아낼 수 있을까 불안감이 밀려들었다. 주말이
면 무기력하게 늘어져 있다가 해가 중천에 뜬 정오가 다 되
어서야 간신히 몸을 일으켰다. 그러고는 하루가 너무 빨리
간다며 속절없는 시간만 탓하고, 밤이면 야식을 먹으며 무
의미하게 하루를 흘려보내기 일쑤였다. 도대체 어디서부터
잘못된 것일까. 나는 왜 의미도 희망도 찾을 수 없는 무기력
한 삶을 살게 된 걸까.

표면적으로 나는 그동안 꽤 괜찮은 삶을 살아왔다. 대학을 조기 졸업한 후 많은 이들이 꿈꾸는 항공사에 취직했고, 이후 영어 교사로 전직하면서 한층 더 안정적인 직업을 갖게 되었다. 무엇 하나 아쉬울 것 없던 나였다. 그런데 뜻하지 않은 사고가 내 인생을 송두리째 나락으로 빠뜨렸다. 출산 후 육아휴직을 하고 아이를 낳아 키우면서 경력 단절에 대해 심각하게 고민하던 어느 날, 아들이 트럭에 다리가 깔리는 사고를 겪게 된 것이다. 그로 인해 내 삶은 온통 잿빛이 되었다. 모든 것을 내 탓으로 돌리면서 하염없이 울었다. 아이에게 미안해서인지 내 처지가 안쓰러워서인지는 알 수 없으나 걸핏하면 눈물이 나왔다. 그리고 그 후에는 무기력증이 찾아왔다. 아무런 의욕도 없고 어디서 무엇을 해야 할지도 모르는 나날이 한동안 이어졌다. 세상을 원망하며 왜 내게 이런 일이 생겼는지 묻고 또 물었다. 이런 생각에 갇혀 하루하루 버티는 것이 그야말로 지옥 같았다.

살아 있으나 죽은 삶. 아무런 희망도 없던 나는 어떻게 그 절망적인 상황에서 벗어날 수 있었을까. 그것은 정말 우연이었다. 어떤 우연에는 인생을 바꾸는 힘이 있다. 하지만 거창한 것은 아니었다. 생각해보면 아주 사소한 차이가 변화를 만들어냈다. 어느 날 서점에 들렀다가, 기상 습관을 바꾸면 지금의 불행이 행복으로 바뀐다는 내용의 책을 읽게 되었다. 바로 『미라클 모닝』이었다. 그 책에는 행복과 성공을 위한 여섯 가지 습관이 담겨 있었는데, 나는 밑져야 본전이라는 심정으로 여섯 가지를 하나씩 실천해보았다. 명상, 확언, 시각화, 운동, 독서, 일기 쓰기를 매일 아침 길게도 아니고 딱 1분씩 했다. 며칠간 하고 나니 지금껏 느껴본 적 없을 정도로 평화롭고 상쾌했다. 게다가 처음으로 아침에 일어나는 것이 편안해졌다. 그렇게 서서히 변해갔다. 힘들게만 하던 주위 환경이 달리 보이기 시작했다. 찾을 수 없을 것 같던 희망이 여기저기서 고개를 내밀기 시작했다. 상황은 그대로였지만 마음가짐이 바뀌자 생활이 변했고 생활이 변하니 삶이 변했다. 얼굴에 미소가 돌아왔고 주변 사람들을 밝은 모습으로 대하기 시작했다. 정말 믿기지 않는 일들이 일어났다. 목표가 생겼고 도전하고자 하는 마음이 생긴 것이다.

무엇이든 첫걸음을 떼기가 가장 어렵다. 나 역시 처음부터 순조롭기만 했던 것은 아니었다. 하지만 밖에 나가서 걸으며 스스로를 다독이는 사이 더 이상 이렇게 살아서는 안 되겠다는 생각이 들었다. 시간은 계속 흐르는데 이룬 것은 별로 없고, 무엇보다도 내 시간이 부족했다. 가족을 돌보느라 지친 마음을 꼭 되돌리고 싶었다. 이미 지나간 시간을 후회하기보다는 앞으로 시간을 더 잘 쓰기로 마음먹고 조금씩 일어나는 시간을 앞당겼다. 그러다 보니 지금은 매일 일찍 일어나는 것은 물론이고 기적의 여덟 가지 습관, 미라클 솔루션이 몸에 배어 아주 적극적인 삶을 살고 있다.

처음의 작은 도전은 이내 무모해 보이는 큰 도전으로 이어졌다. 철인 3종 경기를 완주하고 3년 만에 마라톤 풀코스 42.195킬로미터를 열 번이나 완주했으며, 출판사를 두 개나 차려서 내는 책마다 베스트셀러를 만들고, 2년 동안 여덟 권의 책을 출간하는 등 기적 같은 변화를 이루었다. 달리는 것이 싫어서 꼼짝도 하지 않던 내가 어떻게 울트라 마라톤 100킬로미터를 완주할 수 있었을까? '천릿길도 한 걸음부터'라는 마음으로 시작한 것이다. 100킬로미터를 달리기 위해서는 먼저 1킬로미터를 달려야 한다. 1킬로미터를 달리기 위해서는 1미터의 작은 발걸음부터 내디뎌야 한다. 많은 사람들이 100킬로미터라는 아득한 거리만 보고서 그것을 선수들만 달성할 수 있는 목표라고 단정하고 포기해버린다. 하지만 100킬로미터의 불가능한 꿈을 현실로 만드는 것은 작은 결심에서 비롯된 한 걸음이다.

내 삶에 믿을 수 없는 일들이 일어난 것은 꾸준히 행동했기 때문이다. 나는 다른 사람의 거창한 목표를 따라 하지 않았다. 목표를 매일 1초 숨쉬기 운동으로 정하고 거기서부터 시작했다. 매일 호흡하는 것을 찍어서 유튜브에 올렸고, 한 명에 불과했던 구독자가 1,000명으로 늘어나는 기적 같은 시간을 경험하며 나와 내 주변 사람들만 공유해온 이 좋은 습관을 더 많은 이들과 나누기 위해 책으로 내기로 마음먹었다. 나름대로 터득한 방법까지 총 여덟 가지의 기적 습관을 만들었다. 머리글자를 따 miracles, 바로 기적이라고 지었다. 이제부터 사소하지만 강력한 이 여덟 가지 방법, 미라클 솔루션을 여러분에게 소개하고자 한다.

아침마다 일어나서 행복하다고 감사 인사를 하게 만드

는 힘의 근원은 1초다. 어떤 분은 삶이 너무 우울해서 매일 내가 운영하는 카페에 쓴 글을 하루도 빠지지 않고 읽었더니 지금은 신문에 나오는 유명한 작가가 되었다. 나는 누구의 말대로 미라클 모닝으로 거창하게 일찍 일어나는 것으로 시작하지 않았다. 지금의 상황을 개선하기 위해 평소보다 딱 1초만 일찍 일어나서 이 책의 여덟 가지 기본 습관을 실천했다. 그리고 이 습관을 6년 동안 매일 지속하면서 방송과 강연, 코칭, 독서 모임, 세미나, 공중파를 통해 계속 전파하고 있다. 이 책을 다 읽고 나면 여러분들은 아침에 일어나는 자세가 어제와 달라진 것을 느끼게 될 것이다. 성공한 사람들이 왜 하나같이 습관이 운명이라고 말하는지 그 이유를 알게 될 것이다.

이 책을 천천히 반복해 읽으면서 여덟 가지 습관 중 몇 개라도 꼭 실천해보길 바란다. 내가 그랬던 것처럼 반드시 기적을 경험하게 될 것이다. 사람마다 활동하는 시간대와 집중하는 시간대가 다르므로 무조건 아침 일찍 일어나라는 뻔한 충고나 조언은 하지 않겠다. 다만 삶의 끝에서 후회하지 않기 위해 지금 시간을 어떻게 쓰고 있는지 자신을 돌아보고 스스로에게 질문을 던져보길 바란다. 그리고 이 책에 담긴 습관을 실천할 때 내가 여러분 곁에서 함께 응원하고 있다는 사실을 기억해주기 바란다.

미라클 솔루션으로 세상에서 가장 행복한
엄남미

PART 1

습관은 기적을 부른다

습관이란
인간으로 하여금 어떤 일이든지 하게 만든다
—

도스토옙스키

법칙을 알면
성공은 쉽다

세계보건기구는 앞으로 많은 사람들이 우울증으로 고통받는 시대가 오리라 전망했다. 현대인의 삶은 어느 때보다 편리해졌지만, 그로 인해 과거 우리 조상들이 가졌던 일찍 자고 일찍 일어나는 좋은 습관을 지키는 사람들이 드물어졌다. 요즘 들어 우울함을 호소하며 상담을 받고자 하는 사람들이 부쩍 늘고 있다. 급변하는 경쟁 사회에서 심리적 압박감과 스트레스를 받아, 아침에 눈을 뜨는 것조차 힘들다고 하는 사람들이 많다. 아침에 일어나는 것이 힘들어지면 자연스럽게 하루가 힘들어진다. 미리 준비하고 일을 해나가기가 점차 어려워지는 것이다. 우리나라 성인 열 명 중 일곱 명은 수면이 부족하다고 한다. '오픈 서베이'에서 모바일 설문 조사를 실시한 결과 20대에서 70대 성인 남녀 1,000명 중 54퍼센트가 본인의 수면 습관에 만족하지 못하는 것으로 나타났다. 우리나라 성인 중 절반 이상이 수면하는 시간과 만족도에서 모두 저조한 수치를 보였다. 수면 중에도 수면 후에도 불편함을 느껴본 적이 있다는 응답자가 65퍼센트에 달했으며, 그중 67퍼센트는 목이나 어깨 통증, 23퍼센트는 허리 통증, 그 외에는 두통과 불면증 등으로 고통받고 있었다.

　잠은 보약이라는 옛말이 있다. 잠만 제대로 자면 병이 다 낫는다고 할 정도로 수면은 중요하다. 인간은 하루 중 3분의 1을 잠으로 소비한다. 수면의 질이 떨어진 채로 계속 지내게 되면 어떻게 될까. 우리는 삶의 성공과 풍요를 위해 열심히 일하고 있다. 그러나 삶에서 가장 중요한 부분을 차지하는 잠을 제대로 못 자게 되면 몸과 마음에 적신호가 켜진다. 한번 생각해보라. 당신은 기분 좋게 일어날 때가 많은가? 아니면 찌뿌드드하고 짜증스러운 기분으로 일어날 때가 많은가?

- 오늘은 왠지 좋은 일이 생길 것 같아.
- 나는 내가 바라는 모든 것을 이룰 수 있어.
- 나는 자신감이 강하고 뭐든지 할 수 있어.
- 오늘은 정말 기쁜 날이야.

이처럼 행복한 기분으로 일어난다고 대답하는 사람들은 대개 진정한 자아로 살아간다. 그들은 지금의 삶이 만족스럽고 행복할 것이다. 만약 이런 감정이 들지 않는다면 이 책을 끝까지 읽어보자. 생활 습관을 조금만 바꿔서 미라클 솔루션을 실천하다 보면 삶에 기적이 일어날 것이다. 무기력한 인간에서 무슨 일이든 먼저 준비하고 열정적으로 실행에 옮기는 생동감 있는 인간으로 바뀌어 있을 것이다.

인생의 행복과 성공은 먼저 준비하는 태도에서 온다고 단언할 수 있다. 꼭 시간적인 아침의 중요성을 말하는 것은 아니다. 하지만 하루를 시작하는 때가 아침이기에 이 책에서는 아침 시간을 중심으로 이야기를 풀어나가고자 한다. 어떤 일을 하건 아침을 일찍 준비하듯이 먼저 준비하고 긍정적인 질문을 던지는 사람이 인생에서 진정한 행복과 성공을 이룰 수 있을 것이다. 흔히들 건강을 잃으면 모든 것을 다 잃는 것이라고 한다. 해가 뜨는 아침의 기운은 모든 것을 소생시키고 창조하고 치유한다. 태양을 맞이하고 보내는 시간, 꼭 동이 트는 시간이 아니더라도 하루가 시작되는 아침 시간에 잠에서 깨고 하루가 마무리되는 저녁 시간에 잠을 자지 않으면 자연의 섭리에서 어긋난다. 몸은 물론 마음의 건강에도 이상이 생긴다. 그래서 현대인들은 알게 모르게 정신적 감기인 우울증을 앓는다. 이 우울함을 치유하지 않고 그대로 놔두면 개인은 물론 사회적으로도 큰 손실이다.

『절제의 성공학』이라는 책을 쓴 일본의 최고 관상가 미즈노 남보쿠도 아침을 굉장히 중요하게 여겼다. 아침은 세상에서 가장 중요한 운을 만드는 시간이라고 했다. 그는 자신의 좋지 않은 운명을 절제와 아침 일찍 일어나서 태양을 보는 습관으로 고쳤다. 그는 아침 일찍 일어나지 않는 사람의 삶은 어딘가 삐걱거린다고 말했다. 그런 삶을 살다 보면 아무리 관상이 좋아도 운명이 온전하게 돌아가지 못할 것이라고 경고했다. 해가 솟아오를 때의 기운은 인간을 성공으로 이끌고, 그 기운을 받지 못하면 온몸에 제대로 기가 돌지 않는다. 아침 태양 기운을 받지 못하면 마음이 옳은 곳에 머물지 못하여 정신 상태가 온전치 못하게 된다. 마음이 상하여 몸도 성공 근처에 갈 수 없다. 음의 시간인 밤에 깨어 있고, 양의 시간인 낮에 잠들어 있으면 음양의 조화가 잘 이루어지지 않는다.

아침이 달라지면 하루가 달라진다. 하루를 주도적으로 보내고 싶다면 결국 아침 시간으로 거슬러 갈 수밖에 없다. 아침을 어떻게 쓰는지에 따라 하루가 달라지듯이, 모든 일의 성패는 그 일을 시작하기 전 시간을 어떻게 쓰는지에 따라 달라진다. 많은 자기계발서에서 말하듯이 새벽같이 일어나서 뭔가를 해야 한다는 압박감을 벗어버리자. 원칙은 아침 시간으로 정하되 저마다의 상황과 패턴에 맞게 하루 중 자유자재로 적용하면 된다. 여기 우리의 하루를 기적처럼 바꾸어줄 실천 방법을 제안한다. 기적같이 상쾌하게 일어나서 지금까지 경험해보지 못한 마법 같은 하루를 살게 된다고 하여 이 솔루션을 '기적MIRACLES'이라고 정의했다. 이 습관은 현대인들이 안고 있는 많은 불편한 증상들을 치유해준다. 미라클 솔루션 습관은 성공한 사람들이 실천하고 있는 습관이다. 주변에 성공한 사람이 있다면 한번 물어보라. 예외 없이 이 습관을 실천하고 있을 것이다. 기적의 여덟 가지 습관은 구체적으로 다음과 같다.

M Meditate　명상하라

I Imagine　상상하라

R Read　독서하라

A Affirm　확언하라

C Clean　청소하라

L Learn　배우라

E Exercise　운동하라

S Scrawl　쓰라

　미라클 솔루션이란 하고자 하는 일을 활기차고 여유롭게 시작하는 습관을 말한다. 아침을 원칙으로 하고는 있지만, 하루 중 어느 때 실천해도 좋다. 익숙해지면 어느 것이든 삶에서 자유자재로 사용할 수 있게 될 것이다. 하루에 더도 덜도 말고 딱 1초만 일찍 준비하는 기적의 습관을 실천하길 바란다. 1초가 여러분에게 기적을 선물할 것이다. 이전과는 다른 차원의 행복을 맛보게 될 것이다. 실제로 실험하고 연구하고 수많은 분들과 함께 미라클 솔루션을 실천한 결과 기적이 여기저기에서 일어나고 있다. 병을 치유해주고, 일상을 건강하게 해주며, 나아가 삶을 성공으로 이끄는 확실한 습관 여행을 떠나보자.

시간을 어떻게 이끌어 가느냐에 따라 삶은 달라진다. 만약 하루를 쫓기듯이 아등바등 살고 있다면 시간에 끌려가는 삶을 살게 되어 남는 것은 후회와 부러움일 뿐이다. 타인이 이룬 것을 부러워하는 2인자로 살 것인가, 아니면 시간을 주도적으로 사용하며 목표한 바를 이루는 1인자가 될 것인가. 선택은 온전히 스스로의 몫이지만 시간은 아무도 기다려주지 않는다. 시간은 황금이다. 돈으로 환산할 수 없을 정도로 값어치가 크다. 그래서 하루를 살펴볼 때 아침 시간을 어떠한 목적도 없이 그냥 흘러가게 놔두는 것은 돈을 버리는 것과 마찬가지다. 아침부터 시간을 버리면 하루 종일 버리게 된다. 아침 시간을 이제부터라도 잘 활용하여 지금의 상황을 역전시켜보도록 한다. 아침 시간을 잘 보내면 그 흐름이 하루 종일 이어지게 마련이다. 그 자세한 방법이 이 책에 담겨 있다.

성공은 그냥 만들어지는 것이 아니다. 행운은 선택받은 자들의 것만이 아니다. 스스로 시간을 끌어당겨 붙잡는 사람이 행운을 거머쥐게 된다. 오프라 윈프리는 항상 행운은 준비와 기회가 만나서 만들어진 것이라고 말한다. 프랑스의 미생물학자인 루이 파스퇴르도 행운은 오직 준비된 마음에만 깃든다고 이야기했다. 인생에서 기회는 누구에게나 평등하게 찾아온다. 그것을 붙잡을 수 있는 사람들은 남들보다 조금 일찍 미래를 준비한다. 꽃을 피우기 위해 준비가 된 꽃망울만이 봄바람을 붙잡아 아름다운 꽃을 피우듯이, 발아할 준비가 되어 있지 않으면 아무리 바람이 불어와도 꽃을 피울 수 없다. 시들어버린다. 아침은 몸과 마음이 정돈된 시간이다. 고요한 아침에, 직면한 경제적인 문제나 고민, 하루의 계획, 미래를 단 몇 분이라도 빨리 설계해보라. 가슴속에 희망과 자신감과 할 수 있다는 믿음이 자리 잡게 되면 기적이 반드시 온다. 자연히 생산성은 높아지고 인생의 성공 곡선을 타면서 삶을 더 활기차게 살게 되는 자신을 발견하게 될 것이다. 아침에 일어나서 몸을 부지런히 움직이고, 미래의 비전을 세우자. 그런 이들의 의식은 항상 긍정 확언으로 마무리된다. 그거 해보기나 했어? 할 수 있다는 강한 신념과 긍정적인 삶의 자세로 무슨 일이든 가능한 기적을 만들게 된다.

알면서도 힘든
일찍 준비하기

✦

성공은 끈질긴 인내와 집념을 필요로 한다. 목표를 달성하기 전까지 절대 그만두지 않는 끈기가 있어야 한다. 그 힘은 고요한 시간에 만들어진다. 남들보다 앞서 준비하는 시간은 어떤 일이 있어도 해내겠다는 각오를 다지는 순간이다. 성공하겠다는 집념을 갖고 흔들리지 않아야 목표에 다다를 수 있다. 하루 중 가장 고요하고 집중이 잘되는 시간, 언제인지는 저마다 다르겠지만 성공한 사람들은 그 시간에 끈질긴 집념을 키워나간다. 대부분의 사람들은 목표를 세우는 것을 어려워한다. 목표를 정하더라도 고비를 넘기지 못하고 중도에 포기해버리기 십상이다. 인간에게는 약한 의지를 일으켜 세울 시간이 필요하다. 흔들리는 마음을 다잡고 계속 나아가기로 결심하는 시간이 필요하다. 결심은 꿈을 이루는 사람들과 이루지 못하는 사람들을 구분하는 기준이다. 한번 목표를 정하면 절대로 포기하지 않는 성공한 사람들의 비결은 바로 남들보다 앞서 준비하는 시간에 있다. 성공하기 위해서는 치열한 노력의 시간이 필요하다. 성공한 사람들은 그 시간을 확보하기 위해 특히 아침 시간을 잘 활용한다. 시간을 잠으로 허비하는 것은 커다란 낭비라는 생각을 가슴에 항상 새겨두고 남들보다 더 치열하게 공부한다. 공부할 시간을 내야 성공할 수 있다. 일과를 보내느라 바쁜 낮에는 오롯이 공부에 집중하기가 쉽지 않다. 치열한 노력은 고요한 시간을 확보해야만 집중적으로 할 수 있다. 성공한 사람들은 하나같이 성공하기 위해선 가장 중요한 한 가지에 목숨을 걸어야 한다고 말한다.

하루 두 번 해를 맞이하지 않는 사람은 배울 수 없다고 말한 스노우폭스 김승호 회장도 아침의 중요성을 강조한다.

누구든 성공하고자 하고 건강해지고자 한다면 아침에 일찍 일어나는 습관부터 가져야 한다고 말한다. 일찍 일어나서 공부하는 습관을 성공의 주요 요인으로 꼽기도 했다. 해를 보지 않고 얻은 모든 재물과 성공은 어느 순간 날아갈 수 있다고 말할 정도로 아침 습관의 중요성을 강조한다. 실제로 김승호 회장은 전 세계를 돌아다니면서도 시차에 구애받지 않고 매일 아침 정확한 시간에 일어난다. 바로 습관의 힘이다. 인류 역사 이후에 자수성가한 사람들 중 늦잠을 자서 성공한 인물은 없다. 습관을 강하게 다지지 않으면 인간은 맹수의 공격에 습격을 당할 수밖에 없는 생존의 위험에 노출된다. 해는 만물을 소생시키고 번성시키는 성공 에너지다. 아침 해가 떠오를 때 해와 함께 일을 하고 운동하고 해의 건강한 기운을 받는 사람들은 성공의 첫 계단을 오른 셈이다. 만약 건강과 정신이 완전히 깨어서 행복하지 않다면 아침에 일어나는 패턴을 잘 파악해봐야 한다. 사회적으로 성공한 사람들과 행복한 인생을 보내는 사람들은 알게 모르게 뇌가 가장 잘 활성화되는 아침 시간을 활용한다. 두뇌가 가장 휴식을 잘 취하고 컨디션이 좋은 시간대를 어떻게 보내느냐에 따라서 삶의 목표에 집중할 수 있다. 두뇌가 가장 회전이 잘되는 시간은 일어나서 집을 나서는 시간인데 이때 아무에게도 방해받지 않는 시간은 인생의 황금 티켓을 받는 시간이다.

성공한 사람들의 공통적인 습관을 연구한 스티븐 코비 박사는 소중한 것의 중요성에 대해 강조하며 자신의 비전과 꿈에 대한 집중력이 없으면 성공할 수 없다고 말한다. 집중할 수 있는 시간을 내기 위해서 가장 집중이 잘되는 시간대를 골라야 한다. 성공한 사람들은 자고 일어난 아침 시간이 가장 비전에 집중하기 좋은 시간이라는 것을 안다. 소중한 것을 먼저 하기로 결정하고 매일 그것을 실행해야 한다. 하루 중 뒤죽박죽 시끄럽고 어지러운 낮과 피곤한 밤의 기운은 비전을 성취하기 위한 자기 훈련 시간대와는 거리가 멀다. 그렇다고 꼭 아침 시간만이 정답은 아니다. 사람마다 기준이 다를 뿐 대체적으로 그렇다는 뜻이다. 괴테는 사소한 일 때문에 우선순위가 바뀌어선 안 된다며 사소한 일들을 제외시켰다. 가장 중요한 것들이 사소한 것에 휘둘려서는 절대 안 된다고 말했다. 비전과 목적과 목표를 이루기 위해서는 충동적 감정을 다스릴 수 있는 의지력과 성실함을 잃지 말아야 한다. 기분을 다스리기 위해선 매 순간 성공에 대한 잠재의식을 재편성해야 한다. 잠재의식이 가장 맑고 고요한 시간에 성공한 사람들은 자기암시를 통해 성공 주문을 건다.

성공의 공통분모를 찾은 한 자기계발의 대가는 열심히 일하는 것, 운이 좋은 것, 인간관계가 좋은 것 등이 중요하긴 하지만 성공의 결정적 요소가 아님을 밝혔다. 다른 모든 요소를 초월하는 한 가지 성공 요인은 아침에 눈을 떠 가장 소중한 것을 먼저 하는 것이라고 했다. 성공한 사람들은 실패한 사람들이 꺼리는 일도 기꺼이 하는 습관을 가지고 있다. 강력한 목적의식이 하기 싫은 감정도 뛰어넘게 만들기 때문이다. 성공한 사람들은 아침에 일어나기 싫어도 벌떡 일어나서 목표를 위한 소중한 행동을 먼저 한다. 성공을 위한 특효약 같은 것은 없으며 오직 성실함과 노력이 있을 뿐이라고 말한 철학자 발타사르 그라시안은 잠자리에서 벌떡 일어나라, 새벽은 오로지 성실함과 노력으로 인내하여 무엇이든지 가능하게 해줄 것이다, 라고 말했다. 아침 세 시간을 얻으면 또 하나의 인생을 얻을 수 있다, 잠자기 전에 고민하면 수면에 방해된다. 자고 일어나서 아침에 의외로 좋은 영감이 떠오르니 그때 고민해도 늦지 않다는 것이다. 성공한 사람들은 기회는 잠들어 있는 틈을 타서 도망간다는 것을 안다. 아침에 기상 시간을 5분 뒤, 10분 뒤로 계속 미루며 뭉그적거리는 행동은 하루를 즐겁지 않은 순간으로 인식하게끔 하고, 나아가 피곤한 삶을 반복하게끔 만든다. 아침에 일어날 때 부정적인 에너지로 나를 가득 채운다면 진정으로 바라는 성공은 다가오지 않는다. 아침의 감정이 인생을 크게 좌우한다는 사실을 기억하자.

『생존의 W이론』을 쓴 울산과학기술대 이면우 석좌교수는 배가 어디로 갈지 모를 때에는 절대로 노를 젓지 말아야 한다고 했다. 어디로 가는지 모를 때엔 만사를 제쳐두고 어디로 갈까부터 생각해야 한다. 배가 어느 항구로 가야 할지 모르는데 항로를 정할 수 있겠는가? 무작정 열심히 하다 보면 좋은 일이 생길 거라는 무책임한 사고는 배를 항구로부터 더 멀어지게 만든다. 인생의 배가 어디로 향해야 하는지를 아는 것만으로도 절반의 성공을 거둔 셈이다. 치열한 노력으로 성공을 거머쥔 사람들은 자신의 배가 어디로 가야 하는지를 알았다. 그래서 중요하지 않은 것에는 우선순위를 두지 않았고, 알람을 끄고 싶은 유혹에도 일어나서 훈련에 매진했다. 자신을 이겼기 때문에 배가 정한 정확한 목적지에 다다를 수 있었다. 그곳은 신비한 내면의 보물이 있는 섬이다. 항구에 도착해야지만 다음 항구로 출항을 할 수 있다. 목적지가 기적이 일어나는 곳이라면 지금 당장 지도를 들고 떠날 수 있지 않겠는가. 미라클 맵이란 지도를 찾아서 먼저 어디를 갈 것인지 방향을 정하고 아침에 1초라도 일찍 일어나서 자신이 정한 항구를 찾아가기 위한 미라클 솔루션의 여덟 가지 습관을 실천해보자. 습관이 성공을 위한 공식이다. 간단하게 1초 운동으로 하루를 시작할 수 있다. 하루의 목표를 적어서 주머니에 넣고 매일 지속적으로 그 미라클 맵의 정해진 목적지에 초점을 맞출 수 있다. 독서가 목표가 될 수 있다. 자신의 꿈의 방향을 지속적으로 확인하기 위한 시간 확보가 필요하다.

  박찬호 선수는 2010년 뉴욕 양키스를 떠나 피츠버그 파이어리츠로 이적했다. 양키스에서 방출된 것은 선수 인생에서 크나큰 시련이었다. 그러나 그는 아침에 눈을 떠서 명상을 하는 것으로 이를 잘 극복할 수 있었다. 박찬호는 어려서부터 '멍 때리기'를 좋아했다고 한다. 아무 판단도 없이 특정 사물을 바라보며 머리를 비운다고 했다. 그는 지금 와서 되돌아보니 명상과 어린 시절의 멍 때리기가 같은 맥락의 몰입 명상이었다고 했다. 매일 공 하나에 승부가 엇갈리는 야구 그라운드에서 박찬호는 어린 시절의 명상 습관으로 집중력을 높일 수 있었고, 2010년의 시련도 극복해낼 수 있었다. 그는 삶이 영혼을 공부하기 위한 학교와 같으며 시련은 영혼을 공부하기 위한 선택과목이라고 생각한다는 말을 했다. 누구나 시련이라는 과목을 배우지 않으면 영혼이 성장할 수 없으며, 반복되고 커지는 시련 속에서 더욱더 크게 성장한다는 것을 믿는다는 박찬호에게 명상이란 답답할 때 호흡을 통해 잠시 생각을 비우고 뇌가 쉬는 시간이라고 한다. 부정적인 스위치가 잠시 꺼지면서 용기의 빛이 생겨 몸이 가벼워지는 것을 느낀다. 시련을 잘 극복하는 습관이 생긴다.

장현갑 영남대 심리학과 명예교수는 "명상이 수행을 넘어 치료가 된 시대"라며 900여 곳의 의료 현장에서 마음 챙김 명상 치료가 이뤄지고 있는 상황이라고 말했다. 몇 년 후면 우울증이 모든 질병 가운데 1위가 될 것이라고 세계 보건기구는 예측하고 있다. 숨을 한 번 들이마셨다 내쉬는 1초만으로도 명상이 된다고 한다. 명상의 출발은 '멈춤'이다. 지금까지 하던 생각이나 동작을 잠시 멈추는 데서 명상은 시작된다. 지금 이 순간 숨을 한번 크게 내쉬어보는 것이 명상이다. 특히 아침에 자고 일어나서 정신이 맑고 근육이 이완된 상태에서 호흡을 하면 심신이 안정되고 하루를 활력 있게 시작하게 되어, 하루 중에 일어나는 스트레스를 잘 다룰 수 있게 된다. 박찬호 선수가 말한 것처럼, 어디에 있든 간에 지금 바로 여기에서 숨 한 번 크게 입으로 내쉬어보자. 특히 아침에 일어났을 때 1초라도 박찬호 선수처럼 명상을 해보자. 시련과 역경에 맞서 싸울 수 있는 강한 내면의 힘이 생길 것이다.

습관이 주는
기적 같은 일들

만약 잠에서 깬 후 두세 시간이 인생을 바꾼다면 지금 어떻게 마음을 먹겠는가? 현대인들은 아침을 잃어버리고 산다. 작가 파울로 코엘료는 아침에 숨은 행운이 있으니 아침을 절대 놓치지 말라고 말한다. 오늘 만날 기적은 아침에 생긴다. 하루를 준비하는 아침 시간처럼 무슨 일이든 시작하기 전이 중요하다. 시작하기 전 시간을 소홀히 대하면 삶에서 지나가는 수많은 행운과 기회들을 놓치게 될 것이다. 일본의 뇌과학자 모기 겐이치로는 이런 시간을 골든 타임이라고 말한다. 두뇌가 가장 활발하게 움직이는 때는 잠에서 깨어나 개운한 상태인 기상 후 두세 시간 동안이다. 사회적으로 성공한 사람들은 이미 이러한 골든 타임의 중요성을 알고 능숙하게 사용한다. 행복한 사람들은 아침에 늦게까지 잠을 자지 않는다. 반대로 말하면 스스로 불행하다고 생각하는 사람은 아침 골든 타임을 허비하는 경우가 많다. 잘 생각해보자. 아침 세 시간을 무엇을 하며 보내고 있는지. 만약 시간에 쫓겨 허둥지둥 살고 있다면 당신의 삶은 그리 만족스럽지 못할 것이다. 아래의 질문을 스스로에게 던지고 답해보면 지금 내가 행복한가 아닌가를 쉽게 판단할 수 있다.

- 만약 지금 이 세상을 떠난다고 해도 후회 없이 만족하고 너무나도 행복할 것인가?
- 삶의 마지막 순간이 두려운가?

하루 중 우리 뇌에는 수많은 정보가 쌓인다. 단기기억을 저장하는 해마는 정보를 단순히 쌓아놓는다. 그리고 밤에 잠을 자는 동안, 뇌는 중요한 정보는 저장하고 중요하지 않은 것은 삭제한다. 해마는 용량이 정해져 있어서 초과되면 정보를 더 이상 못 받는다. 필요한 것들만 장기기억에 저장하게 하는 작업은 잠의 후반부에 이루어진다. 이 시간대에 잠을 푹 자고 일어나는 수면 습관이 굉장히 중요하다. 정보를 한 차례 초기화해 새로운 정보를 받아들일 준비가 되어 있는 아침 세 시간 동안은 전날의 피로가 말끔히 해소된 상태이기에 뇌에 적절한 자극을 주면 상쾌한 기분으로 공부나 일에 몰두할 수 있다. 미라클 솔루션 루틴인 시각화, 확언, 운동, 명상, 글쓰기, 독서, 청소, 배움의 성공 습관이 생기면 어느 분야든 성공할 수밖에 없는 사람으로 바뀔 것이다. 뇌과학자들은 밤에는 기억이 정리되지 않은 것들로 가득 차 있다고 말한다. 이런 상태에서는 뇌가 유연하고 창의적으로 생각하지 못한다. 반대로 자고 일어난 아침은 뒤죽박죽이던 기억이 정리되고 머리가 맑아진 상태다. 어제의 걱정은 온데간데없이 사라지고 모든 것이 리셋된 상태가 된다. 두뇌에 활력이 있으므로 창의적인 일을 하기에 밤보다는 아침이 더 적합하다.

뭔가 새로운 일에 도전하려 해도 의지가 약해지는 것은 뇌의 부정편향 때문이라고 심리학자들은 말한다. '실패하면 어떻게 하지?', '창피당하면 어떻게 하지?' 같은 생각이 들어오면 뇌는 하고 싶어도 못 하게 막는다. 부정편향은 소극적인 생각을 가지는 순간 행동하는 힘에 한계를 가한다. 아침은 이런 부정편향을 낮추고 할 수 있다는 적극적인 사고가 떠오르게 한다. 이 때 명상과 시각화, 긍정의 말 확신하기, 운동, 독서, 정리정돈, 배움, 글쓰기를 한다. 21일 동안 반복하여 습관을 바꾸면 아침에 일어나는 것은 그리 어렵지 않다. 방법만 잘 숙지하면 아침형 인간이 되기는 어렵지 않다. 아침에 일어날 때의 저항, 두뇌의 장애물을 어떻게 극복하여 21일 동안 습관을 잘 형성할 수 있을까? 아침에 일어날 때 뇌가 좋아하는 선물을 주면 된다. 만약 커피를 좋아한다면 창조적인 일을 한 다음에 향을 느끼면서 한 잔 마시는 것도 좋다. 달달한 초콜릿을 조금 먹는 것도 좋다. 실제로 하버드 대학교 학생들은 이른 아침에 두뇌 회전을 위해 초콜릿을 먹는다는 연구 결과가 있다. 좋은 느낌을 주는 행위가 있다면 습관 형성을 위해 적극적으로 활용해보다. 아침에 일찍 일어나면 보상으로 잘했다는 신호를 잠재의식에 새겨주자. 결국 계속하게 하는 좋은 습관은 작은 초콜릿 이상의 가치를 가져다줄 것이다.

미국 하버드 공중보건대학과 덴마크 공동 연구팀은 1993년부터 1997년까지 덴마크의 건강 연구에 참여한 5만 5,502명의 남녀를 대상으로 13년간 추적 조사를 실시했다. 그 결과, 일주일에 2~6번 초콜릿을 먹는 사람들의 심방세동 발생이 그렇지 않은 사람들에 비해 20퍼센트 낮았다. 스트레스를 받으면 심장이 불규칙적으로 뛰는데, 초콜릿은 이러한 증상을 완화시켜준다. 일주일에 한 번 정도 초콜릿을 먹는 사람은 17퍼센트가 낮아졌다. 연구팀의 엘리자베스 모스토프스키 하버드 대학교 강사는 "이번 연구를 통해 적당한 초콜릿 섭취가 건강에 이롭다는 증거를 하나 더 발견했고, 부정맥 발병 위험을 낮추기 위한 행동 인자의 중요성을 알 수 있었다"고 말했다. 아침에 '기쁘다, 맛있다, 즐겁다, 재미있다'라는 긍정적인 감정을 느끼게 함으로써 우리 두뇌 활동을 유연하게 하자.

성공 습관인 미라클 솔루션은 몰입을 도와준다. 미국의 심리학자 칙센트미하이가 말한 것처럼 아침은 자신을 잊고 완전히 집중한 정신 상태를 만들어준다. 아침에 몰입하면 일의 효율과 능률도 오른다. 안정된 상태에서 뇌가 몰입하여 미라클 솔루션 습관을 실천하면 어떠한 꿈도 다 이룰 수 있다. 새로운 일이나 매번 작심삼일로 끝나는 일에 도전하고자 한다면 기운 넘치고 편안한 상태를 유지하는 아침에 해야 한다. 딱 21일만 눈을 감고 미라클 솔루션을 실천하는 사람들과 함께하면 아침 두세 시간의 골든 타임을 벌 수 있다.

미라클 솔루션 습관은 혼신을 다해 한 가지 꿈에 집중하게 해준다. 명상을 통해 마음을 비우면 자신이 진정으로 무엇을 원하는지 보인다. 확언과 시각화를 통해 그 꿈이 이루어진 것이 보여 무슨 행동을 해야 하는지 알게 된다. 이미 성공한 사람들의 85퍼센트가 30분씩 독서를 한다는 연구에서 부인할 수 없는 성공 습관이 바로 독서이다. 책을 읽지 않으면 성공의 지혜와 아이디어를 다양하게 얻을 수 없다. 이 세상의 모든 지식과 지혜는 책을 통해 전해진다. 운동은 인생에서 가장 중요한 건강을 책임지고 글쓰기는 생각을 세상에 내보내는 아주 중요한 습관들이다. 아침마다 이를 실천하는 사람들이 성공하지 못한다면 이상하지 않겠는가. 자신의 꿈과 소망에 집중하지 않고 시간을 흥청망청 쓸 때는 하는 일이 잘 안 된다. 지금 즐거우면 나중에 궁하게 되고, 당장 아침에 일어나는 힘듦을 이겨내고 자신을 업그레이드하면 장래에는 큰 즐거움이 오는 것이 세상의 이치다. 절제하고 또 절제하여 아침에 일찍 일어나는 것을 습관으로 삼아야 한다. 이때는 세상의 모든 생명들이 고요하게 있기 때문에 내면의 소리를 잘 들을 수 있다. 당연히 영감과 아이디어를 수월하게 얻을 수 있고, 이는 큰일을 할 수 있는 밑거름이 된다.

남들이 상상하기 힘든 큰 꿈을 품고 있다면 어떤 마음가짐을 가져야 할까. 포부가 크다면 그에 따르는 시련을 이겨낼 수 있는 확고한 신념이 필요하다. 크게 성공할 사람들은 어떤 시련에도 아랑곳하지 않고, 목표에만 전념하여 큰 뜻을 이룬다. 바위처럼 강한 신념은 어떤 난관도 이기게 해준다. 작은 실패에 마음이 약해지면 정신이 해이해지면서 성공의 기회가 와도 잡지 못한다. 아침은 마음을 강하게 단련하고 신념을 다지는 시간이다. 진정으로 큰 뜻을 품고 목표를 이루고자 한다면 항상 떠오르는 태양을 맞이하라. 부하 직원을 둔 리더들은 항상 아랫사람보다 먼저 일어나서 하루를 시작해야 한다. 크게 성공한 치과 원장님을 만나서 습관을 물어보니 이른 아침에 치과에 출근해 업무 준비를 한다고 말했다. 원장님은 미라클 솔루션 습관을 실천한다. 남들보다 일찍 일어나서 준비하고 연구하고 태양을 맞이하고 웃는 얼굴로 손님들과 직원들을 대한다. 병원이 잘될 수밖에 없다.

아침 일찍 일어나면 몸도 건강해진다. 음식을 저절로 절제하게 되기 때문이다. 행복은 적당한 양의 음식 섭취와 건강한 몸, 맑고 고요한 마음에서 비롯된다. 과식이나 폭식을 하면 정신도 흐트러지고 만사가 쉽게 풀리지 않는다. 아침에 해가 뜰 때 일어나는 사람들은 폭식이나 과식을 할 수 없다. 아침에 일찍 일어나기 위해선 잠들기 전에 위를 편안한 상태로 두어야 하기 때문에 야식을 먹을 수 없다. 그래야 잠을 푹 자게 되고 아침에 개운하게 일어날 수 있음을 습관을 통해서 알게 되기 때문이다. 성공에 필요한 절제를 저절로 하게 된다. 식사량이 일정하면 심신이 안정되고 모든 일이 순조롭게 풀린다. 절제의 성공학의 대가인 미즈노 남보쿠도 절제하지 못하는 습관 때문에 어느 스님으로부터 지금 절식하지 않으면 '단명한다'는 말을 듣게 된다. 하마터면 일찍 죽을 뻔했는데 그는 습관을 바꿨다. 아침 일찍 일어나는 습관과 음식을 철저히 절제하는 습관을 평생 실천했다. 그 결과 부와 건강과 행복과 재물, 존경을 다 얻었다.

부처는 아침에 일어나서 명상하고 중생을 구제하기 위해서 자신의 식을 절제했다. 이를 천지에 공양하여 원대한 꿈을 이루었다. 음식을 절제하고 극히 소식을 했다. 식덕이 전 세계에 꽉 차 있어서 세상 사람들을 구했다. 폭식과 과식은 성공의 천복을 줄인다. 아침 일찍 일어나서 미라클 솔루션으로 하루를 알차게 보내는 사람들은 폭식과 과식을 즐길 수 없다. 일찍 일어나기 위해 일찍 잠자리에 들게 되니 폭식과 과식을 자연히 멀리하게 된다. 엄격히 절제하여 정해진 시간에 식사하고 정해진 시간에 잠자리에 들면 행복, 부, 건강이라는 결과물이 뒤따라온다. 만약 지금 아침에 일찍 일어나지 못하고 건강하지 못하다면 이제부터라도 절제하고 아침 일찍 일어나서 태양을 바라보라. 태양은 생명의 근원이니 아침 일찍 일어나 태양을 마주하는 습관을 들이며 건강과 장수, 성공을 얻게 된다. 이 방법은 누구나 다 실천할 수 있다. 당신도 아침에 햇빛을 받으면서 운동할 수 있고, 산에 올라가서 확언을 소리칠 수 있고, 걸으면서 시각화할 수 있고, 출근할 때 태양빛 아래 독서할 수 있다. 태양은 무병장수를 하게 해주는 중요한 신호다. 아침에 일어나서 미라클 솔루션을 실천하는 사람들은 행복하게 장수할 수 있다. 일찍 일어나기 위해서는 야식이나 술도 절제해야 하니 건강할 수밖에 없다. 자연의 이치에 따라 자고 일어나 자신을 갈고 닦으면서 수행하는 사람들은 반드시 성공한다.

과연 나도
할 수 있을까?

우리의 생각과 행동, 말과 기억은 전부 잠재의식에 저장된다. 알람을 끄고 다시 자는 행위는 사는 게 피곤하고 힘들어서 일어나고 싶지 않다는 생각을 나도 모르게 잠재의식에 저장시킨다. 아침에 일어나는 자세가 그 사람의 평생 삶의 자세를 결정한다. 아침에 일어날 때마다 즐거운 일이 가득할 것이라고 주문을 거는 사람의 삶은 행복하다. 만약 잠에서 깨어날 때마다 오늘은 또 지겨운 하루를 어떻게 보내야 할지 걱정스럽고 불안하다면 평생 그 감정에 사로잡혀 살아가게 될 것이다. 큰 각성이 일어나지 않는다면 인생은 그저 그렇게 흘러갈 것이다. 잠재의식을 바꾸기 위해서는 점진적으로 조금씩 변화하거나 큰일이 터져서 한 번에 각성이 일어나거나 둘 중 하나다. 살면서 일생을 바꿀 정도의 큰일이 닥치는 경우는 극히 드물기 때문에 잠재의식을 조금씩 변화시키며 꾸준히 지속하는 것이 미라클 솔루션의 핵심이다. 잠재의식은 포기하지 않고 끈기 있게 노력할 때 변한다. 한번 심어놓은 잠재의식은 웬만한 노력으로는 바뀌지 않는다. 여러 번 반복하는 것이 핵심이다. 그러므로 성공하고 싶다면, 평생 행복하게 살고 싶다면 지금 당장 마음을 다잡고 결심하고 행동해야 한다.

잠재의식은 갑작스럽고 무리한 시도를 두려워한다. 처음부터 너무 이른 시간에 일어나려 애쓰지 말고 평소보다 딱 1초만 일찍 일어나서 여덟 가지 미라클 솔루션, 즉 확언, 시각화, 독서, 운동, 명상, 청소, 배움, 글쓰기 의식을 실천해보자. 1분만 투자해도 좋다. 1분이라는 시간은 누구나 낼 수 있기에 미라클 솔루션은 누구나 실천 가능하다. 하루 중에 여덟 가지 습관을 전부 실천해도 좋다. 하지만 단 한 가지라도 1초만 투자하여 해보면 뭔가 달라지는 걸 느낄 것이다.

그리고 그러한 작은 변화가 나머지 습관들도 실천하게 하는 원동력이 될 것이다. 조금씩 꾸준히 하는 것은 성공학의 기본이다. 낙숫물이 바위를 뚫는다. 습관을 조금씩 바꾸면 반드시 긍정적인 변화가 생긴다. 나를 위한 시간을 가지고 미래를 계획하고, 운동으로 에너지 레벨을 올리고, 감정을 바꾸면 긍정적으로 바뀐 자신의 모습을 볼 수 있을 것이다. 세상에서 가장 중요한 사람은 ME, 바로 '나' 자신이다. 나를 먼저 발전시켜 행복해져야 주변 사람들도 평화롭고 행복하다. 명상하고 미라클 맵을 만들고, 긍정 확언을 만들어서 운동하고 에너지를 높여 감정을 바꾸면 원하는 그 어떤 것도 성취할 수 있다.

글쓰기를 할 때 '나는 누구인가'와 '무엇을 위해 살아야 하는가', '왜 목표를 세우고 이루어야 하는가', 그 이유와 목적의식을 찾는 시간이 바로 기적의 시간이다. 이 시간에 자신과 조용히 대화하는 미라클 솔루션을 실천하게 되면 사명과 미션을 찾을 수 있다. 삶을 사는 데 있어 큰 활력을 찾을 수 있다. 이 세상에서 가장 가치 있는 질문은 '나는 왜 이 세상에 태어났는가'이다. 이 사명을 알아내게 되면 인생을 아주 충실하게 살 수 있다. 아무런 방향도 계획도 없이 가는 게 아니라, 방향을 잡고 배가 목적지에 도달할 수 있도록 적극적인 삶을 살게 되어 어떤 분야에서든 성공을 이룰 수 있다.

　아침에 일어날 때마다 짜증이 나고 피곤하고 사는 게 괴롭다면, 먼저 자신을 바꿔서 새로운 나로 태어나자. 매일 새로운 날이 온다. 오늘 아침은 어제의 아침과 다르다. 성공학의 대가 토니 라빈스는 훌륭한 사람들은 문제와 장애물을 딛고 성공을 이루어냈으며, 그들과 도중에 하차한 사람들의 차이는 문제의 영속성에 대한 신념에 있다고 말했다. 성공한 사람들은 문제가 영원히 계속되지 않음을 안다. 밤이 지나면 아침이 오고, 어둠 뒤에는 다시 빛이 찾아들고, 음이 있으면 양도 있다는 것을 안다. 반면 자신을 발전시키는 일에 소극적인 사람들은 작은 문제에 부딪쳐도 그 상황이 지속될 것이라 단정하고 무기력증에 빠져 아예 벗어나려는 시도조차 하지 않는다.

　해가 바뀌고 시간이 바뀌고 모든 것이 새롭게 리셋되는 시간에 꿈을 향해 미치는 사람들이 실천하는 미라클 솔루션을 단 1초라도 한다면 누구나 변화할 수 있다. 1초란 시간은 결코 짧지 않다. 1초가 60번 모이면 1분이, 1분이 1000일 모이면 1000분이 된다. 이 시간에 어떤 한 가지, 자신을 위해 도움이 되는 행동, 예를 들어 미라클 솔루션 독서를 한다면 변화는 일어난다. 우리는 너무나 큰 성공만 좇으며 그것만이 유일한 성공이라 생각하지만, 절대 그렇지 않다. 작은 성공을 틈틈이 쌓아가는 것은 더욱 큰 성공을 위한 탄탄한 토대가 된다. 세네카는 1분의 시간도 못 내는 사람들에게 다음과 같은 조언을 한다.

> 항상 시간이 모자란다고 불평하면서 마치 시간이 무한정 있는 것처럼 행동한다.

혹시 책 한 줄 읽을 1초의 시간도 낼 수 없다고 생각하는가. 당신이 푸념하는 사이에 이미 1초가 지나갔다. 일상에서 온전히 자신을 위한 시간을 얼마나 갖는가. 많은 사람들이 기상 습관을 바꾸어 행복하고 즐겁고 상쾌한 기분으로 일어나기를 소망한다. 아침이 행복하면 하루가 즐겁다. 만약 전날에 쌓인 스트레스를 털어내지 못한 채로 아침을 맞이하고 하루를 시작한다면, 부정적인 에너지가 내면에 쌓여서 푸념하고 불평만 늘어놓는 인생을 살 가능성이 많다.

스스로에게 보상을 주고 쌓여 있던 부정적 기운을 털어내는 시간이 바로 기적이 일어나는 때이다. 바쁜 오후 시간에 비해서 아침 시간에는 온전히 자신을 마주하기 쉽다. 기존의 아침 시간의 감정 상태를 바꾸기 위해 자신에게 즐거움과 활력을 주는 새로운 대안을 찾아야 한다. 아침에 일어나 주변을 정리하며 마음을 비워내도 좋고, 명상을 하거나 하루를 긍정적으로 보내겠다고 스스로에게 다짐하는 것도 도움이 된다. 지금보다 더 나은 자신이 되기 위해서 시각화를 통해 꿈의 지도를 그려보고, 운동을 통해 낮아진 심박수를 올려 활력을 불어넣고, 글쓰기를 통해 감정을 배출하는 것도 좋은 방법이다. 유익한 자료들이 주변에 많이 있으니 자신에게 가장 맞는 방법을 찾아보자.

PART 2

MIRACLES 8단계

우리가 반복해서 하는 행동이 곧 우리다.
그렇게 보면 탁월함이란 행동이 아니라 습관이다
—
아리스토텔레스

M

Meditate

명상

✦

기적을 뜻하는 MIRACLES중 첫 번째는 바로 명상이다. 명상이야말로 기적 중의 기적을 창조한다. 아침에 일어나서 1초간 심호흡을 하는 것을 시작으로 하루 중 명상을 습관처럼 이어가는 것이야말로 잠재의식에 성공한 이미지를 심는다. 심호흡을 짧게나마 매일 한다면 성공이다. 생명을 얻지 않았는가? '오늘은 어제 그토록 간절히 살기를 바라는 자들의 내일'이라는 말이 있다. 호흡은 선물이다. 오늘이라는 이 하루를 우리는 보너스로 받았다. 숨을 쉴 수 있다는 것은 삶의 모든 부분 가운데 가장 중요한 본질이다. 명상의 본질은 호흡이다. 즉, 자신의 호흡을 바라보는 것이다. 명상의 목적은 일정 시간 동안 마음을 고요히 가라앉히는 것이다. 호흡을 함으로써 더러워지고 복잡해진 마음을 비워내는 것이다. 마음을 비워내고 내면의 답을 찾는다. 명상은 삶의 목표나 방향대로 내가 잘 가고 있는지를 돌아보게 해준다. 복잡한 문제들에 대한 내면의 답을 제시하는 시간이 고요히 침묵하는 시간이다. 외부의 세계와 잠시 단절하고 내면으로 들어가 1초간 호흡하는 것이 습관화되면 스트레스와 몸의 통증을 완화시키고 수면의 질을 놀랍도록 향상시킬 수 있다. 명상 시간은 길어야 한다는 고정관념을 깨자. 1초간 호흡으로 명상을 시작하자. 잠시 책을 내려놓고 눈을 감은 채 1초간 숨을 들이마시고 내쉬어보라. 어떤 기분이 드는가? 호흡하는 순간에 집중력이 강화되었을 것이다. 명상은 신진대사와 혈압을 정상적으로 만든다. 자율신경 조절, 유익한 신경전달물질, 호르몬의 변화, 면역력 강화, 긍정적인 뇌의 물리적 변화, 안정적 뇌파의 변화, 뇌 활성도에 따른 주의 집중과 조절 능력을 강화시킨다.

이시형 의학박사는 명상이 스트레스 호르몬인 코르티솔을 감소시키고 행복 호르몬인 세로토닌 분비를 촉진한다고 했다. 신경정신과 전문의인 그는 84세의 나이에도 명상 덕분에 아주 건강하다. 그의 장수는 미라클 솔루션 습관 덕분이다. 건강 장수는 규칙적인 습관에서 온다며 호흡을 하면서 자신의 몸에게 조용히 감사하는 말을 한다. 발아 고맙고 수고했다, 라고. 그가 감기 한번 걸리지 않고 건강한 생활을 유지할 수 있었던 것이 바로 미라클 솔루션 습관 중 명상 덕분이라고 강조한다. 국민 의사로 불리는 이시형 박사는 "어떤 명상이 좋을까요?"라는 2018년 9월 15일 《중앙일보》 기자의 질문에 "어느 틀에 매인 게 아닙니다. 아침에 일어나면 우선 내 몸에 감사합니다. 발을 주무르고 가부좌를 편안하게 하며 호흡합니다. 속으로 외우는 긍정 확언을 하면서 명상을 하죠"라고 답했다. 그의 건강은 지금도 놀라우리만큼 좋다.

오프라 윈프리도 아침 5시면 초월 명상 센터에 가는데, 그녀가 사는 지역에서는 그 명상 센터로 향하는 인파 때문에 새벽 5시부터 차가 막힌다고 한다. 성공한 사람들 중에는 명상하거나 기도하는 사람들이 많다. 오프라 윈프리는 《허핑턴 포스트》와의 인터뷰에서 "초월 명상이 신과 접속할 수 있도록 돕는 가장 좋은 방법이다"라고 말했다. 《허핑턴 포스트》 창립자 아리아나 허핑턴 역시 명상이나 요가를 한다. 자수성가형 백만장자들의 거의 절반 정도가 하루 일과를 시작하기 세 시간 전에 일어난다. 명상과 규칙적인 운동으로 하루를 시작한다. 라이프 코치이자 변화의 대가 토니 라빈스는 이 같은 형태의 명상을 '프라이밍priming'이라고 일컬으며 "명상은 생각과 감정을 조정하는 행위로 명상을 통해 최고의 삶을 살 수 있다"라고 말했다.

명상의 본질은 호흡을 통해 살아 있음에 감사하고 몸이 움직이고 신체의 모든 기관이 정상적으로 움직여주는 데 대해서 인식하는 것이다. 호흡을 1초만 해도 집중력이 높아지고 잠재의식에 성공했다는 이미지를 심을 수 있으므로, 아주 잠깐 1초만이라도 호흡에 집중하여 미라클 솔루션 습관을 실천해보도록 하자.

MIRACLES
TIME

- **Q1** 요즘 떠오르는 복잡하고 심란한 일들을 한 번 적어보자.

_____

_____

_____

_____

- **Q2** 잠시 눈을 감고 호흡을 가라앉힌 다음 복잡하고 심란한 일들에 대한
답을 생각해보자.

_____

_____

_____

_____

- **Q3** 효과가 있었다면 내가 하루 중 명상을 할 수 있는 시간과 장소를 떠올
려보자.

_____

_____

_____

_____

I

Imagine

상상

✦

보몬트와 플레처가 함께 쓴 『정직한 인간의 운명』에는 다음
과 같은 말이 나온다.

인간은 자기 자신을 비출 수 있는 별이다. 정직하고
온전하고 완전한 인간이 되기를 원하는 나에게 내 영
혼은 모든 힘이 되어 명령을 내린다. 그 명령은 너무
빠르거나 너무 늦게 일어나지 않는다. 내 영혼의 명령
에 따르는 나의 행위가 곧 최선이다. 우리의 행위는

우리와 함께 걷는 운명의 그림자다.

당신의 영혼은 아침에 눈을 뜰 때 무엇이라고 말하는가? 솔직하게 이야기해보자. 정말 이렇게 살아도 되겠냐고 이야기하는가? 아니면 오늘 하루도 기적 같은 일이 일어나리라는 설렘을 느끼며 감사하며 일어나는가? 성공한 사람들은 영혼이 하는 목소리에 귀 기울이고 거기에 따르는 것을 자신의 운명이라고 여긴다. 만약 이 목소리를 무시하고 자신에게 정직하지 않는다면 운명의 그림자가 우리를 어디로 데려갈지 모른다. 미라클 솔루션을 하기 위해서 1초라도 일찍 일어났다면 자신의 운명에 대해서 생각해보자. 지금 자신의 꿈을 그려서 그것을 이루어가고 있는가? 우리의 영혼은 분명히 매일 아침 메시지를 보낸다. 일찍 일어나서 미래를 상상하면서 생생하게 시각화해야 장수하며 살 수 있다고. 그 영혼의 메시지를 무시해서는 안 된다. 건강하게 활동하면서 성공한 인생을 사는 사람들은 상상의 힘인 시각화를 매일 아침 일어나자마자 한다. 마음속으로 건강한 이미지를 생생하게 그리고 그런 이미지를 보면서 건강하지 않은 습관은 걷어내는 것이다.

성공한 사람들, 행복하고 건강하고 풍요로운 삶을 사는 사람들은 꿈을 상상하고 끊임없이 시각화한다. 이미지로 선명하게 그린 것들은 미래의 운명을 풍성하게 해준다. 아침에 일어나서 아등바등 사는 사람들과, 1초라도 건강하고 풍요롭고 행복한 미래를 그리는 사람들의 삶은 완전히 다르다. 마음속에 선명하게 그린 이미지가 현실로 나타나게 된다. 마이크로소프트 회장 빌 게이츠, 초대형 베스트셀러를 쓴 조앤 롤링, 미국에서 가장 영향력 있는 여성인 오프라 윈프리도 정직하게 자신의 운명을 만들기 위해 미라클 솔루션을 한다. 마음속으로 끊임없이 꿈을 시각화한다. 건강한 자신이 된 미래의 모습, 지금 영향력을 끼치기 위해서 일찍 일어나서 미라클 솔루션을 하는 모습, 부유하게 살고 있는 자신의 모습을 상상한다. 꿈을 가지고 솔직하게 내면의 운명을 그려가는 사람들은 건강하게 장수한다. 아침에 일어나서 삶을 대하는 태도가 진실하다. 영혼의 메시지가 아침에 일어나서 상쾌하게 시작하는 것을 계속 요구하는데 알람을 끄고 잠을 자는 것은 영혼의 소리를 듣지 않는 것이다. 자신의 운명의 그림자를 어둡게 만든다.

마음속 GPS는 우리의 영혼을 가장 행복하게 만들어주고 인류를 환하게 비추어주는 기적의 지도이다. 『미라클 맵』이라는 책에는 상상과 시각화를 활용할 수 있는 방법이 다양하게 제시되어 있다. 옛 조상들이 새로운 땅을 찾아 항해에 나설 때 그들에게는 지도가 없었다. 오직 나침반 하나로 방향을 잡아야 했다. 지도가 없을 때에도 방향을 안내해주는 나침반을 항상 손에 들고 있어야 길을 잃지 않는다. 영혼이 정직하게 꿈을 그리고 이미지를 확실하게 볼 수 있도록 만들어놓자. 그러면 길을 잃을 염려가 없다. 인간의 상상이 꿈의 도착지를 정확히 알려주기 때문이다. 시각화는 어렵지 않다. 아침에 일어나자마자 1초 동안 별똥별이 내 눈앞에 떨어진다고 상상하자. 별똥별의 소원은 이루어진다고 한다. 실제로 그렇게 이루어도 봤다. 1초 안에 바라는 것을 상상할 수 없다면 자신의 영혼이 주는 진실한 메시지를 듣고 있지 않다는 뜻이다. 바라기만 하고 상상하지 않으면 꿈이 더디 이루어진다. 상상을 해야 행동으로 이어진다. 아침에 일어나자마자 1초간 자신의 꿈을 잠시 떠올리자. 그러면 기적 지도가 꿈을 실행시킬 주변의 증거들을 보여주기 시작할 것이다. 그때 기회를 잡으면 된다. 의사이자 연금술사였던 파라켈수스는 인간은 자기가 상상한 모습대로 되고, 인간은 자기가 상상한 바로 그 사람이다, 라고 말했다. 무엇이든 상상한 것이 현실이 된다. 현실을 바꾸고 싶으면 지금부터 아침에 1분 더 일찍 일어나 1초만 상상을 바꾸자. 당신의 생각, 의식, 감정을 바꾸고 싶다면 지금 당장 무의식과 잠재의식의 영혼이 청하는 대화에 응해야 한다.

1초간 '목표에 도달했을 때의 모습과 느낌'을 생생히 느낀다. 완벽한 하루와 일을 즐기면서 하는 모습들, 주변 사람들과 행복하게 웃는 모습, 바라는 모든 꿈을 이룬 모습 등을 상상으로 그린다. 이 작업에는 아무것도 필요하지 않다. 그저 의식을 정직한 영혼으로 세팅하기만 하면 된다. 진짜로 바라는 것이 무엇인지를 1초간 매일 떠올린다. 건강과 장수와 풍요와 행복은 이 간단한 1초의 상상 습관에 있다. 이 비밀을 아는 사람들은 지금도 실천하고 있을 것이다. 운명의 그림자가 자신을 아무 데로나 데려가게 만들지 말자. 오직 바라는 꿈의 방향으로 가도록 이상적인 자신의 삶을 시각화하고 상상하라. 놀라운 일이 벌어질 것이다.

MIRACLES
TIME

- **Q1** 간절히 이루고 싶은 목표가 있다면 적어보자.

- **Q2** 그 목표에 도달했을 때의 내 모습과 느낌을 적어보자.

- **Q3** 목표를 이루고 난 후 내 주변에 어떤 사람들과 함께하는지 적어보자.

R
Read

독서

✦

훌륭한 사람들과 위인들은 독서를 한다. 독서를 하는 이유는 조용히 내면에 집중할 수 있기 때문이다. 우리가 찾는 모든 답은 내면에 있다. 삶에 대한 답은 우리가 고요히 홀로 있을 때 들린다. 현자들은 그래서 아침 이른 시간을 좋아했다. 아무에게도 방해받지 않는다는 것을 체득했기 때문에 일찍 일어나서 독서를 한 것이다. 우리가 세상 속으로 들어가면 내면의 목소리는 희미해져 들을 수 없게 된다. 미라클 솔루션 독서 1초는 삶의 답을 찾을 수 있게 해준다. 우리가 독서를 하는 이유는 지금보다 더 나은 풍요로운 삶을 살기 위해서다. 실제로 부자들의 독서 습관은 다르다. 『인생을 바꾸는 부자습관』의 저자 토머스 C. 콜리는 223명의 부자와 128명의 가난한 사람들을 대상으로 독서 습관을 조사했다. 부자들은 매일 30분 이상 책을 읽는다. 88퍼센트의 부자가 책을 읽는다고 답했고 그중에 책을 좋아하는 사람은 86퍼센트나 되었다. 가난한 사람은 2퍼센트만이 책을 읽고 그중 26퍼센트만이 책을 좋아한다고 답했다. 부자들은 적어도 출근 세 시간 전에 일어난다는 대답이 44퍼센트로 절반에 가까웠으나, 가난한 사람들은 3퍼센트에 그쳤다. 부자들은 63퍼센트가 출근하는 자동차 안에서 오디오북을 들었으나 가난한 사람들은 5퍼센트만이 그랬다. 세계 최고의 부자인 마크 저커버그는 페이스북 회원들과 온라인 독서 토론을 한다. 빌 게이츠는 자신을 키운 것은 동네 도서관이라고 할 정도로 독서를 많이 한다. 이른 아침에 일어나 미라클 솔루션 습관을 실천하는 그는 책에 대한 감상을 메모하는 습관도 갖고 있다. 워런 버핏은 하루에 대여섯 시간을 신문과 책 읽기에 투자한다. 이렇게 세계적으로 성공한 리더들 중에는 독서광이 많다. 우리나라 역사에는 훌륭한 인물이 많은데,

그들의 공통점도 독서다. 하나같이 어릴 때부터 책을 많이 읽은 책벌레들이다. 세종대왕은 소문난 책벌레였고, 이순신 장군도 책을 늘 곁에 두고 살았다. 인간의 지적 능력을 향상 시키고 인격을 수양하는 방법 중에서 독서보다 더 좋은 것은 없다.

　미라클 솔루션 독서는 간접경험을 쌓게 해준다. 개인이 경험할 수 있는 영역은 극히 한정적이다. 그러나 독서를 통해 얻을 수 있는 간접경험은 무궁무진하다. 목표를 이룬 사람들의 경험, 성공한 사람들의 경험, 사회에 기여하는 사람들의 경험을 통해 지금보다 더 나은 사람으로 성장할 수 있다. 위대한 책을 읽는 이유는 그 책의 작가처럼 생각하는 데 있다. 『월든』에서 자연과 대화하면서 우리는 헨리 데이비드 소로가 된다. 작가처럼 생각하고, 작가처럼 느끼고, 작가와 같은 상상을 하는 사이 작가의 경험은 우리 것이 된다. 그 경험은 책을 덮고 난 후에도 오랫동안 마음에 남는다. 미라클 솔루션 독서는 질문하게 해준다. 독서 후 던지는 질문은 운을 좋게 만든다. 좋은 운을 끌어당기는 것은 좋은 질문뿐만 아니라 제대로 묻지 않는 질문도 포함한다. '만약 지금처럼 살면 내 미래가 어떻게 될까?'라는 질문을 항상 해보자. '내가 제대로 살고 있나?', '나는 누구인가?', '책에서 읽은 내용 중 적용해야 할 것이 무엇일까?', '만약 아침마다 상쾌하게 일어나서 독서하면 삶이 어떻게 달라질까?' 등등의 질문을 통해 자신의 삶을 되돌아보게 된다. '독서를 통해 메모하고 하루를 살 수 있는 아이디어와 영감을 얻는다면 내 미래는 어떻게 바뀔까?'라고 질문하면서 일어나보자. 아인슈타인은 "중요한 것은 질문을 끊임없이 하는 것이다. 그래서 호기심이 필요하다. 만일 우리가 하루하루, 이 신비로움의 극히 작은 부분이라도 이해하려고 애쓴다면 그것만으로도 충분하다. 절대로 신성한 호기심을 잃지 말라"라고 했다.

왜 리더들은 조찬 모임이나 아침 독서 모임을 하는 것일까. 정치든 경영이든 결국 사람이 한다. 책은 인간의 지성이 만든 집합체이다. 책을 보면 인간의 본질을 볼 수 있다. 장만기 한국인간개발연구원 회장은 84세의 나이에도 아침 독서를 통해 건강한 삶을 이어갔다. '미라클 솔루션의 효시'라고 해도 좋을 정도로 이른 시간에 일어나 독서를 했다. '더 좋은 사람이 더 좋은 사회를 만든다'는 좌우명으로 독서경

영을 실천했다. 그는 우여곡절이 많을 때 독서를 통해 난관을 넘었다. 자기계발서와 인문학 등 폭넓은 독서를 통해 경제적으로 성공하는 방법도 터득했다.

장만기 회장은 자기계발이라는 세계를 폴 마이어를 통해 깨달았다. 마이어는 젊은 시절, 취업 면접에서 쉰일곱 차례나 떨어졌다. 그러나 반드시 성공해서 사회에 도움이 되는 사람이 되고자 죽을 각오로 보험 판매원으로 일해 30세에 백만장자 대열에 합류하게 되었다. 그 과정과 구체적인 방법을 다음과 같이 제시한다.

1. 생각을 명료하게 하라.
2. 달성하고자 하는 목표를 세우고 최종 시한을 정하라.
3. 인생에서 원하는 것을 중심으로 구하라.
4. 자기 자신과 자기의 능력에 대한 최상의 확신을 키우라.
5. 장애와 비난과 여건이 어떻든 '자신의 계획을 관철시키겠다'는 집요한 결의를 품으라.

백만장자 성공 계획은 장만기 회장의 가장 중요한 신조가 되었다. 독서를 통해 삶의 좌우명과 방향키를 쥔 회장의 성공은 꾸준한 미라클 솔루션 독서 덕분이다. 그는 주로 아침 4시에 일어나 한 시간 정도 명상과 기도를 한다. 그런 다음 두 시간 정도 독서를 한다.

위인들처럼 책을 곁에 끼고 책벌레처럼 독서를 하면 좋겠지만 현실에서 그런 여건이 되지 않는 사람들을 위해 1초 독서를 고안했다. 책을 읽는 것을 습관화하기 위해서 미라클 솔루션 독서 1초를 제안한다. 일어나자마자 어떤 책이라도 1초간만 읽는다. 그 이상은 시작하는 단계에서는 안 된다. 독서가 습관이 되면 많이 읽어도 되지만 습관이 안 되었다면 일단 1초간 활자를 읽은 것을 성공이라 여기자. 독서에 익숙해질 때까지 아주 작게 시작하기로 하자. 아침 독서 1페이지에는 1분도 안 걸린다. 시간이 없으면 1초간 어떤 활자라도 읽자. 독서의 습관화를 통해서 책을 좋아하게 되는 것이 먼저다. 아침은 누구에게도 방해받지 않는 시간이다. 오직 자신과 독대하는 시간이다. 이 시간에는 창조적 사고력, 천재적 영감, 신의 메시지를 얻을 수 있다. 책 속 저자와 깊은 내면의 대화를 할 수는 시간이다. 미라클 솔루션 독서는 무한한 상상력을 펼치게 해주고 책에 담긴 내용들은 일상 속 창조적 사고의 실마리를 마련해준다. 몰입 독서가 될 수도 있다. 만약 시간이 없어서 미라클 솔루션 독서를 하기 힘들다면 1초만이라도 매일 읽자. 딱 1초만 읽고 그것을 자신의 경험으로 만들기로 하자. 호기심은 독서를 통해서 생긴다. 매일 아침 책의 한 페이지를 펴서 마음에 닿는 구절을 1초간 읽는다. 독서의 의미를 삶에 적용할 부분을 찾는데 둔다. 질문을 끊임없이 해보자. '1초 독서'가 삶의 방향을 긍정적으로 바꾸어줄 것이다. 미라클 솔루션 독서를 통해 삶이 획기적으로 바뀌는 것을 경험하게 될 것이다.

MIRACLES TIME

- **Q1** 가장 최근에 읽은 책은 무엇인지 적어보자.

- **Q2** 관심 있는 분야의 책을 살펴보고 그 목록을 여기에 적어보자.

- **Q3** 목록에 있는 책을 어떻게 읽을 것인지 시간과 장소와 분량을 생각하고
  적어보자.

A

Affirm

확언

✦

아침에 일어나서 무슨 말을 스스로에게 하는가. 나는 할 수 있다고 크게 외치면 분명 자신감이 솟아날 것이다. 성공한 사람들은 아침에 일어나자마자 확언을 외친다. 확언이라는 것은 확신을 갖고서 자신이 원하는 바를 언어로 표현하는 것이다. 속으로 말하는 언어도 확언이요, 밖으로 내뱉는 말도 확언이다. 언어로 표현되는 모든 것이 확언이다. 확언의 종류에는 부정 확언과 긍정 확언이 있다. 부정 확언은 나는 할 수 없어, 이다. 긍정 확언은 나는 할 수 있어, 라는 말이다. 성공한 사람들은 아침마다 일어나서 긍정 확언을 외친다. 자성예언이라고 할 수 있는 확언은 성공한 사람들이 매일 쓰는 방법이다. 빌 게이츠는 아침을 시작할 때 거울을 보며 오늘은 왠지 큰 행운이 올 것 같다, 나는 무엇이든지 할 수 있다, 라고 외친다. 거울 확언은 자신의 영혼과 이야기하는 것과 마찬가지다. 빌 게이츠는 21세기 최고의 부자다. 아침 주문이 성공을 가져왔다고 하면 믿을 수 있겠는가. 미라클 솔루션은 잠재의식을 획기적으로 바꿀 수 있는 습관이다. 세계에서 가장 부자인 사람이 이 두 마디 "오늘은 왠지 좋은 일이 생길 것 같아. 나는 할 수 있어"라는 확언을 잠재의식에 매일 새긴다는 것이 성공의 비밀이다. 확언을 외치는 데는 1초밖에 걸리지 않는다. 성공은 그 1초를 지속하는 것이다.

세계적인 비즈니스 컨설턴트 브라이언 트레이시도 자신의 성공에 대해 이야기할 때 미라클 솔루션 습관을 항상 강조한다. 그는 아침에 일어나서 특정한 방식으로 행동하겠다고 단단히 결심하고 반복 확언하라고 한다. 예를 들어 "나는 매일 아침 기상 시간을 1초라도 당겨서 확언할 거야!"라고 말하면 실제로 일어나게 된다. 자기 전에도 잠재의식에 이 말을 반복하라고 한다. 무언가를 결심했다면 새 습관이 몸에 배고 쉬워질 때까지 계속해서 연습해야 한다. 잘했으면 스스로에게 즉각적인 보상을 주고 자신을 소중하게 대해야 한다. 절대 예외를 인정하지 말고 핑계를 만들거나 합리화하지 말아야 한다. 주변 사람들에게 새로운 습관을 들이고 있는 중임을 알린다. 세계적인 끌어당김의 시초인 루이스 헤이도 자기 긍정 확언을 성공 요인으로 꼽는다. 헤이 재단을 통해서 인류에 기여한 그녀는 일평생을 행복하고 평화롭게 살았다. 어린 시절 성적 학대를 받은 그녀는 자궁암까지 걸렸지만, 긍정 확언과 상상으로 미라클 솔루션을 하루도 빠짐없이 실천해서 치유될 수 있었다. 그녀는 매일 수백 번 확언을 외치고 썼다. 미라클 솔루션 습관이 그녀의 삶의 핵심이었던 셈이다. 그중 가장 비중을 많이 차지하는 성공 습관이 긍정 확언이다. 자신을 진정으로 사랑할 때에 모든 일이 술술 잘 풀린다는 메시지를 전했다. 사랑을 매일 외치는 긍정 확언은 이미 미국 전역에서 유명세를 떨치고 있다. 수많은 사람들이 그녀 덕분에 자신을 사랑하게 되었다. 루이스 헤이가 매일 아침 일어나자마자 거울 속에 비친 자신의 눈에게 한 말은 다음과 같다.

루이스, 나는 너를 사랑해. 나는 너를 진심으로 사랑해. 나는 너를 있는 그대로 사랑하고 받아들여. 오늘 하루도 감사해. 나의 세상에서는 모든 것이 다 좋아. 나는 안전해.

이 말을 외치는 데 시간이 많이 필요할까? 1초면 충분하다. 성공한 사람들도 처음 시작할 때에는 아주 작고 사소한 도전으로 시작했다. 중요한 것은 이 습관의 지속이다. 잠재의식은 지속할 때에야 비로소 완전히 자신의 것이 되어 현실로 나타난다. 하루를 여는 아침에 어떤 말을 자신에게 들려주느냐에 따라서 성공의 길이 열린다. 이렇게 일어나자마자 1초만 미라클 솔루션 확언을 외친다면 누구라도 성공할 수 있다. 미라클 솔루션 확언은 이렇게 하는 것으로 요약할 수 있겠다. 아침에 일어나자마자 자신이 인생에서 간절하게 열망하는 목표를 종이에 적는다. 강렬하게 열망하는 것이 아니어도 좋다. 이미 성공한 사람들의 확언을 빌려 써도 좋다. 거울 속 자신의 눈을 보면서 자신이 바라는 것을 1초간 말한다. 말이라는 것은 생각과 상상이다. 말을 내뱉는 순간 감정이 생기고 떠올린 것들이 현실에 한 번 보이게 된다. 상상한 대로 되라고 명령을 내리면 지배권을 갖게 된다. 많은 사람들이 인생을 험한 산과 같은 것, 고통으로 가득한 것으로 여기고 자기 능력으로는 극복할 수 없다며 포기한다. 하지만 1초 미라클 솔루션 확언 습관은 잠재의식을 완전히 새롭게 변화시켜 '인생이 험한 산이다'라는 확언을 '험한 산도 올라가면 정복할 수 있다'로 바꿔놓는다. 긍정의 말과 부정의 말은 경험에 현저한 차이를 가져온다. 자신이 평소에 쓰는 언어 습관이 확언이다. 특히 아침에 일어나자마 하는 말은 잠재의식에 강하게 각인되므로 주의할 필요가 있다. 명령의 법칙인 확언을 통해서 긍정적으로 반드시 성공하고 부를 이루겠다고 다짐하고 선언하게 된다.

다짐하는 것은 일종의 명령이다. 1초간 강하고 근엄한 어조로 나는 할 수 있다고 말해보라. 명령의 원리인 확언은 부를 불러오는 가장 쉬운 방법인데도, 많은 사람들이 이 쉬운 방법을 믿지 못하고 더 어려운 길만을 고집한다. 원치 않는 것을 말하지 말고, 오직 인생에서 바라는 것을 확언으로 만들어 사용하라. 확언에는 부정어가 들어가지 말아야 한다. 예를 들어 나는 아프고 싶지 않아, 나는 가난하고 싶지 않아, 나는 늙고 싶지 않아, 이런 식으로 부정 확언을 사용하면 그것도 역시 이루어진다. 너무 빨리 이루어진다. 부정 확언에는 감정이 실려 있기 때문에 더욱 조심해야 한다. 부정 확언을 이렇게 바꿔보자. 나는 건강한 내 몸에 감사해, 나는 평생 부유하게 산다, 나는 젊고 힘 있다, 나는 강하고 튼튼하고 온전하고 완전하다, 나는 행복하다, 나는 풍요롭다, 나는 괜찮다, 나는 반드시 성공한다, 이런 확언 중에 마음에 드는 확언을 골라서 1초간 외치자. 이 세상의 성공한 이들은 자신만의 긍정 확언을 갖고 있다. 한번 실험해보라. 나가서 성공한 사람을 만나라. 그리고 이렇게 물어보자. 아침마다 외치는 성공 주문은 무엇인가요? 만약 그 사람이 진정으로 성공했다면 바로 그 자리에서 이렇게 외칠 것이다. 제 확언은요 _____ 입니다.

말의 힘을 절대 과소평가해서는 안 된다. 모든 인간의 경험은 말로 형성된다. 내가 하는 말로 내 세상이 만들어진다. 결핍, 한계, 궁핍 등으로 지금 당신의 세계가 마음에 들지 않는다면 매일 1초만 일찍 일어나서 거울을 보고 다짐을 하라. 당신이 하는 긍정 선언문을 통해 무한한 부를 창조할 수 있을 것이다. 의도적으로 다짐하고 긍정 확언을 하고 미라클 솔루션을 실천하는데도 실패했다는 사람을 본 적이 없다. 성공한 사람은 누구나 미라클 솔루션 확언을 하고 있었고, 차를 운전할 때 크게 외치고, 운동하면서도 외쳤다. 성공에 대한 이론이란 이론은 다 아는 사람이 실제 효력을 증명하지 못하는 이유는 미라클 솔루션 확언을 매일 하지 않는데 있다. 많은 사람들이 이렇게 확언을 외치는 것을 품위 없는 행동으로 여기고 부끄러워하거나 어려워한다. 하지만 다시 한번 강조한다. 미라클 솔루션 1초 긍정 확언은 성공을 향한 열쇠다. 경제적으로 궁핍하게 살 것인가. 빚더미에 앉아 삶의 진흙탕에서 허우적댈 것인가. 성공한 사람들과 부자들을 속으로 부러워하기만 할 것인가. 성공한 사람들과 자신을 비교하면서 현재 처지를 계속 깎아내릴 것인가. 아니면 지금이라도 아침마다 1초 긍정 확언을 실천하며 효과를 체험할 것인가. 선택은 당신의 몫이다. 결과는 큰 차이가 날 것이다.

**MIRACLES
TIME**

- **Q1 나 자신에게 해주고 싶은 말이 있다면 적어보자.**

- **Q2 적은 말 중에 긍정적인 말들만 따로 적어보자.**

- **Q3 나 자신에게 해주는 긍정적인 말을 딱 세 줄만 적어보자. 그리고 매일
아침 나에게 소리를 내 들려주자.**

C

Clean

청소

✦

미라클 솔루션 청소를 하여 성공하는 사람들은 방이 지저 분하게 놔두지 않는다. 아침에 일어나 이부자리를 가지런 히 하고 주변을 정리 정돈하는 것은 작지만 성공에 필수적 인 습관이다. 미라클 솔루션 청소는 1초 청소를 기본으로 한다. 시작 단계에서는 1초 이상을 할 필요가 없다. 일어나 자마자 1초간 청소를 한다. 그 습관을 365일 반복하는 것이 원칙이다. 1초가 쉽다고 생각하는가. 방이 지저분한 사람은 연봉이 낮다는 연구 결과가 있다. 청소가 습관이 되지 않으면 수많은 돈과 성공이 빠져나간다. 어느 주간지가 평균 이하의 연봉을 받는 사람들의 방에서 공통점을 찾아냈다. 취재를 해보니, 잡동사니를 버리지 못해 쌓아두는 사람들은 그렇지 않은 사람들보다 적은 연봉을 받고 있었다. 화장실, 욕실, 주방 등이 지저분하고 만화책, 게임기 등의 취미 용품이 널려 있으며 쓰레기가 많이 쌓여 있거나 구형 가전제품을 계속 쓰고 있다는 공통점이 있었다. 자신의 주변이 지저분하다면 지금 당장 주변을 1초 동안 정리한다. 여러분이 매순간 행복하지 않은 이유가 1초 청소를 하지 않은 데 있다면 믿을 수 있겠는가?

윌리엄 맥레이븐 미 해군 대장은 성공의 비밀이 아침 이불 정리에 있다고 말했다. 그는 졸업 연설에서 학생들에게 세상을 바꾸고 싶다면 이불 정리부터 시작하라고 조언했다. 사소한 미라클 솔루션 청소 습관이다. 세상을 변화시키는 큰일도 침대를 정돈하는 사소한 일에서 시작된다는 것이다. 그의 말투는 단호했다. 세상을 변화시키고 싶으세요? 침대 정돈부터 똑바로 하세요! 매일 아침 침대 정돈을 한다면, 여러분들은 그날의 첫 번째 과업을 완수하는 것입니다. 그것은 여러분에게 작은 뿌듯함을 줄 것입니다. 그리고 다음 과업을 수행할 용기를 줄 것입니다. 여러분이 사소한 일을 제대로 해낼 수 없다면 큰일 역시 절대 해내지 못할 것입니다.

미 해군 대장이 연설에서 강조한 것이 희망이었다. 그가 세상을 돌아다니면서 배운 것이 하나 있었다. 그것은 바로 희망의 힘이었다. 워싱턴, 링컨, 마틴 루터 킹 주니어, 넬슨 만델라, 노벨평화상을 수상한 파키스탄 출신의 소녀 말랄라까지 한 사람이 세상을 바꿀 수 있다고 희망을 준다. 희망은 사소한 것을 해내는 데에서 시작된다. 작은 일을 제대로 해내면서 하루를 시작하면 절대 포기하지 않게 되고 삶은 희망으로 가득차서 결국 세상을 바꾼다는 것이다. 성공한 대장이 깨달은 삶의 비밀이다. 미라클 솔루션 1초 청소 습관은 반드시 여러분을 성공으로 이끌 것이다. 희망을 잃어서 아침마다 포기하고 싶은 생각이 드는가. 당장 오늘부터 일어나자마자 이불을 가지런히 하고 1초 청소를 시작하라.

세계 최연소 노벨평화상 수상자인 말랄라 유사프자이는 넉넉하지 않은 가정에서 태어났다. 그러나 그녀는 따뜻하고 사랑이 넘치는 가정에서 자라는 행운을 얻었다. 말랄라의 부모님은 딸에게 자존감을 심어주었고, 그런 분위기 속에서 그녀는 구김 없이 자라났다. 여성을 존중하지 않는 이슬람 문화에서 자신의 목소리를 내고 주장하는 일은 상상도 할 수 없었지만 그녀는 해냈다. 수시로 폭탄이 터지고 곳곳에서 폭격이 이어지는 가운데 세계를 향해서 자신의 목소리를 냈다. 말랄라는 연설에서 자주 다음과 같은 말을 한다.

어린이 한 명과 선생님 한 분, 책 한 권과 펜 하나만 있으면 세상을 바꿀 수 있습니다.

사람들은 그들의 존재로 인해 세상이 조금 긍정적으로 바뀌기를 바란다. 성공 의식은 누구에게나 있기 마련이다. 자신의 존재가 세상에서 의미 있기를 바라는 것이다. 작은 습관들이 가치 있는 성공을 위한 시작이라는 것을 알면 사소한 일들을 새롭게 보게 될 것이다. 주변을 돌아보며 쓰지 않는 물건들을 1초 동안 분류해보자. 아름다운 가게에 기증을 할 수도 있다. 잡동사니를 쌓아두면 기운이 정체된다. 세계적인 공간 정리의 권위자이자 잡동사니 청소 분야의 전문가인 캐런 킹스턴은 잡동사니가 쌓이면 다음과 같은 문제

점이 생긴다고 말한다.

1. 피로와 무기력을 초래한다.
2. 과거에 집착하게 한다.
3. 몸을 무겁게 한다.
4. 혼란을 부른다.
5. 모든 것을 미루게 한다.
6. 우울증을 동반하게 한다.
7. 인생을 정지시킨다.
8. 돈을 낭비하게 한다.
9. 불운의 상징이 된다.
10. 중요한 일을 놓치게 된다.

만약 지금 좋아하는 일을 하면서 성공하는 삶을 살고 있지 않다면 잡동사니를 점검해봐야 한다. 매일 작은 습관이 쌓이면 큰 발전이 생긴다. 하지만 쌓아두고 버리지 않으면 1년 후에는 계속 정체되어 심지어는 더 나빠지기까지 한다. 하루가 쌓여서 평생이 된다. 평생이 모인 삶의 결정판인 죽음의 끝자락에서 알 수 있다. 무엇이 진실한 삶이고 성공이었

는지를. 아침에 일어나서 스티브 잡스가 남긴 명언을 외워
보자.

　　죽음은 새것에 길을 내주기 위해 헌것을 청소해줍니다.

　우리는 시간이 무한정 주어질 것이라고 믿는다. 하지만
아침에 일어날 때마다 우리는 삶을 다시 점검해야 한다. 꿈
을 이루기 위해 어떤 자세로 일어날 것인가. 시간이 점점 더
줄어들면서 끝이 가까워지고 있다는 것을. 새로운 것을 위
해 마음속에서 과거의 것을 비워내면 삶이 더 가벼워질 것
이다. 미라클 솔루션 의식 중에 가장 중요한 것은 청소다.
사소한 것들을 청소하고 삶에서 중요한 꿈만 남기자. 미 해
군 대장과 스티브 잡스의 명언을 떠올리면서 1초 이부자리
정리를 하며 벌떡 일어나보자.

MIRACLES
TIME

- **Q1** 지금 내 주변을 둘러보자. 정리가 안 되는 장소는 어디인지 적어보자.

_____

_____

_____

_____

- **Q2** 정리가 안 되는 곳 중 한 곳을 지금 잠시 정리해보자.

_____

_____

_____

_____

- **Q3** 정리된 장소를 보면서 매일 간단하게 치울 수 있는 정리 계획을 세워보자.

_____

_____

_____

_____

_____

Part 2

•

L
Learn

배움

✦

밤의 한 시간보다 아침의 1분이 더욱 유용하다. 아침 일찍 일어나서 1분만 새로운 것을 배우면 성공적으로 하루를 보낼 수 있다. 아침은 허둥거리면서 정신없이 보내는 시간이라고 여기기 쉽다. 시작할 때는 아침에 1초만 일찍 일어나 보자. 처음 미라클 솔루션 습관을 들이기 위해서는 아주 작게 시작해야 성공적으로 할 수 있다. 미라클 솔루션은 쌓이면 복리로 작용하는 아주 유용한 습관이기 때문에 처음부터 한 시간, 두 시간 무리해서 일찍 일어나면 안 된다. 1초만 일찍 일어나서 무엇이든지 배우며 성공 경험을 쌓고 이를 잠재의식에 새기자. 시작은 미미하나 그 끝은 창대할 것이다. 하루가 쌓여 우리의 인생 전체가 된다. 하루의 시작은 아침이다. 아침을 어떻게 시작하느냐에 따라 성공한 인생을 살 수도, 불행하고 실패한 인생을 살 수도 있다. 아침은 거시적으로 봤을 때 인생 전체를 좌우한다. 밤에 하면 한 시간 이상 걸렸던 일도 아침에 푹 자고 일어나서 하면 10분도 안 걸려서 해낼 수 있다. 아침은 하루 중 가장 효율적인 시간이다. 이 시간의 소중함을 알고 나면 일찍 일어나지 않을 수 없다. 온전히 자신만을 위해 쓸 수 있는 시간대는 언제인가? 아침의 집중력이란 몸과 마음에 피로가 쌓인 밤과는 천차만별이다. 자신만을 위한 시간을 확보하고 1초간 자신이 배우고 싶은 분야의 공부를 한다. 딱 1초만 한다.

자기계발의 대가인 『드림리스트』의 짐 론은 많은 이들에게 아침 자기계발의 중요성에 대해 말했다. 자기계발의 정도를 뛰어넘는 성공은 없다는 말을 할 정도로 성공하려면 아침에 일어나서 자신을 더 발전시키고 성장시켜야 한다고 했다. 인생에는 봄, 여름, 가을, 겨울이 다 존재한다. 봄에는 생명이 움튼다. 여름에는 뜨거운 햇볕이 생명을 자라게 하고, 가을에는 수확해서 겨울에는 그 수확으로 살아간다. 봄은 생명이 나오는 시기다. 아침은 깨끗한 땅에서 생명이 새롭게 태어나는 시간이다. 그런 시간에 자신을 성장시키는 자양분인 배움은 인생 전체로 봤을 때 가장 근본적이고 중요한 것이다. 이 시간에 자신을 키우기 위해 배움의 자양분을 준다는 것은 겨울처럼 추운 날을 위해 준비하는 것과 같다. 인생은 기회로 인해 나아지는 것이 아니라 변화로 인해 나아지는 것이다. 불편해도 편해질 때까지 시도하라고 짐론은 말했다. 아침에 일어나서 자기계발을 하는 것은 처음에는 불편할 수 있다. 하지만 계속해서 시도하고 습관으로 만들다 보면 어느 순간 몸에 배어 자동적인 습관이 될 것이다. 시간은 소중하다. 인생에서 찾아오는 수많은 황금의 기회들을 놓칠 것인가. 아니면 이 시간에 자신을 들여다보고 좀 더 나은 존재가 되기 위해서 배우고 변화할 것인가. 일본 교세라의 명예회장인 이나모리 가즈오는 하루하루를 진지하게 살아가라고 말했다. 매일 열심히 살아간다는 신념을 인생의 지표로 삼았고, 교세라를 성공시키기 위해 매일 아침에 일어나 『논어』를 읽었다. 공자의 가르침을 인생의 좌표로 정하고 배움을 지속한 이나모리 회장은 배우려고 애쓰지 않으면 깨우쳐주지 않겠다, 표현하고 싶어 하지 않으면 안 가르쳐 주겠다, 한 가지를 설명할 때 세 가지를 들어 답하지 않으면 두 번 다시 가르침을 주지 않겠다는 『논어』의 '술이편'을 통해 배움의 엄격함으로 아랫사람을 교육시켜 힘겨운 일을 끝까지 완수해내게 했다.

주인공이 되어 스스로 운명을 움직이는 사람이 될 것인가, 운명에 조종당하는 사람이 될 것인가. 짐 론은 만약 당신이 하루를 운영하지 않으면, 하루가 당신을 운영하게 될 것이라면서 스스로 자기 인생의 방향키를 가지고 배를 운전해 가지 않으면 타인이 자신의 인생을 조종하게 될 것이라고 경고했다. 아침에 1초라도 일찍 일어나서 스스로 공부하여 배우지 않으면 자신의 인생을 타인에게 맡기게 된다. 이 얼마나 끔찍한 일인가. 하버드대학교 교수이자 의사인 베일런트는 행복에 이르는 길을 연구했다. 70년간 역사상 가장 긴 연구를 통해 그는 배움이 행복에 가장 중요한 요소임을 밝혀냈다. 미국 하버드대학교 학생 268명과 평범한 성인 남성 456명, IQ 150 이상의 여성 90명을 대상으로 조사해 찾아낸 행복의 요건은 당연히 공부, 배움이었다. 일곱 가지 행복의 길은 다음과 같다.

1. 고통에 대응하는 성숙한 방어기제
2. 교육
3. 안정된 결혼 생활
4. 금연
5. 금주
6. 운동
7. 적절한 체중

고요한 아침 시간에 1초간만 무엇이든 공부한다. 배움을 지속하면 회복 탄력성이 높아져서 고통에 대응하는 성숙한 방어기제를 갖게 된다. 1초간 공부하는 게 습관이 되면 차츰 이렇게 확장해본다. 유튜브에서 영어 관련 콘텐츠를 찾아서 배운다. 재테크 책을 보고 직접 세미나에 참석해서 공부한다. 아침마다 거울 앞에 서서 거기 비친 자신의 눈을 들여다보고, 무엇을 공부하고 싶은지 영혼이 하는 말을 듣는다. 자신의 인생을 스스로 책임지지 않고 남의 손에 이

끌려가는 삶은 노예의 삶이다. 타인이 시키는 대로 사는 사람에게는 자율 결정권과 자유의지가 없다. 성공한 사람들은 자유를 많이 누리는 사람들이다. 스스로 독립해서 경제적 자유를 누리고 세상에 기여하고 존경까지 받는다. 누구나 이런 삶을 꿈꾼다. 그러면 이제부터 어떻게 해야 할 것인가. 지금부터 아침에 일어나는 시간을 딱 1초만 당기자. 더이상 일찍 일어나야 한다는 압박감은 갖지 말자. 습관은 형성이 중요하다. 꾸준히 지속하여 자동 습관으로 만들기 위해서 '딱 1초만'을 기억하자. 1초 일찍 일어나서 배울 수 있는 가장 좋은 것은 어학이다. 영어를 잘하는 사람들도 계속 사용하지 않으면 실력이 퇴보한다. 계속 배움을 지속해서 어학을 담당하는 뇌의 신경 회로를 넓혀가야 한다. 하루에 영어 단어 한 개를 1초간 외운다. 365일 동안 하나씩 읽기만 해도 10년이면 3650개 단어를 외울 수 있다. 영어 단어 3650개를 알면 어떤 의사소통도 가능하다. 기본적으로 단어만 잘 활용해도 영어로 의사소통하는 데는 문제가 없다.

아침에 일어나서 가장 중요한 해야 할 일들을 종이에 적고, 우선순위에 따라 실천하는 것도 배워야 한다. 습관이 되어 있지 않으면 지속하지 못한다. 습관도 배움의 기술이다. 아침 시간은 낮보다 집중력이 세 배나 향상되는 황금의 시간이다. 이때 오후에 해야 할 일들을 처리하면 배움이 빨라진다. 아침 1초에 시간 관리 기술을 배운다. 시간 관리는 아주 쉽다. 다음의 두 가지만 익히자.

1. 새벽에 일어나서 하루를 계획하기
2. 가장 중요한 일부터 처리하기

보통 사람들이 자고 일어나서 '오늘은 뭐 하지?'라고 계획 없이 살면서 시간을 흘려보낼 때 아침에 1초 일찍 일어나는 사람들은 오늘은 시간을 어디에 쓰겠다고 정하게 된다. 우선순위를 두어 중요한 일을 먼저 처리하게 된다.

다음으로 배워야 할 것은 전략을 바꾸는 기술이다. 지금까지 시간만 빼앗기는 업무 방식이 효율적이지 않았다면 과감하게 바꾸는 법을 배우자. 가장 좋은 방법은 책을 통해서 배우는 것이다. 1초 동안 업무 방식을 바꾸기 위해 지금 어떤 책을 읽어야 하는지 떠올린다. 매일 1초만 일찍 일어나서 그 책의 한 페이지의 한 글자를 삶의 방향으로 삼아 일하는 방식을 바꾸어본다. 시간을 사용하는 데 있어 무엇이 문제인지를 파악하고, 배움을 지속하지 못하는 시간과 이유를 찾아내어 효율적으로 일하는 시스템을 배운다. 아침을 여유롭게 1초 일찍 시작한다. 일을 아주 단순화시킨다. 절대 미루지 않고 즉시 1초 만에 시작한다. 창조적인 일을 생각하며 재미있게 일한다. 몰입해서 1초간 초정신으로 집중한다. 즐겁고 행복하게 일한다. 한 번에 한 가지 일만 한다. 하기 싫은 일은 일어나자마자 가장 먼저 한다. 시간이 많이 걸린다고 생각하지 말자. 배움은 1초 시작으로 충분하다. 배우지 않고 성장을 게을리하는 사람들은 변화하는 세계에서 뒤처진다. 스스로 배우고 인생을 설계하지 않으면 다른 사람의 계획에 휘둘릴 가능성이 크다. 기억하라. 남들이 여러분의 인생을 계획해주지는 않는다.

준거집단 이론reference group에 따르면 자주 어울리는 사람들이 내 인생의 성패를 95퍼센트나 결정한다. '누구와 어울리고, 무엇을 읽고 배우는가.' 이 두 가지가 바뀌지 않으면 5년 후의 모습도 지금과 똑같을 것이다. 가장 많이 어울리는 다섯 명의 평균이 내 소득, 내 건강, 내 지적 수준을 정한다. 만약 당신이 더 나은 사람으로 성장하여 더 나은 사람들과 어울리게 되면 당신을 둘러싼 모든 환경이 더 긍정적으로 변화할 것이다. 왜냐하면 아침 습관 1초가 여러분을 뭐든지 성공하는 사람으로 만들어줄 것이기 때문이다.

MIRACLES
TIME

• **Q1** 원하는 것을 이루기 위해 배우고 싶은 일이 있는지 적어보자.

• **Q2** 배우기 위해 내가 취할 방법을 적어보자. **ex)** 유튜브, 책, 강의 등

• **Q3** 실천 가능한 방법 중에 쉽게 할 수 있는 것으로 고른 다음 실천 계획을
적어보자.

E

Exercise

운동

✦

영국 매체 《텔레그래프》는 2015년 11월 2일 자 기사에서
성공하는 사람들의 미라클 솔루션 습관을 다루었다. 세계지
식포럼^{WEF}의 발표 자료를 인용한 이 기사에 따르면 성공한
사람들은 아침 식사를 하기도 전에 이미 열네 가지 일을 해
낸다. 아침 시간을 어떻게 보내느냐에 따라 성공 여부가 정
해지는 건 당연하다고 할 수 있겠다. 아침 운동, 가족과 짧
게라도 시간 보내기, 물 마시기, 가장 중요한 업무 처리, 침
대 정리, 명상, 감사할 일 메모, 이메일 확인, 하루를 계획하

고 신문을 읽는 것이 공통점으로 밝혀졌다. 『시간 창조자』의 저자 로라 밴더캠은 기업 임원 열에 아홉은 아침 6시 이전에 일어난다고 설명한다. 펩시 역사상 첫 번째 최고 경영자인 인드라 누이 CEO는 아침 4시에 일어난다. 밥 아이거 월트디즈니 CEO는 아침 4시 30분에 일어나 독서하고, 잭 도시 트위터 CEO는 아침 5시 30분에 일어나 조깅을 한다. 뉴저지네츠의 CEO는 아침 3시 반에 일어난다. 버진 아메리카의 CEO 데이빗 커시는 4시 15분에 일어난다. 일찍 일어난 기업의 경영자들이 공통적으로 아침에 들인 습관은 운동이다. 그들은 운동을 통해서 신체적 젊음을 유지하려 한다. 버락 오바마 전 대통령은 첫 업무를 시작하기 전 두 시간을 미라클 솔루션을 하기 위한 시간으로 떼어두었다. 그는 5시 이전에 일어나 가장 먼저 운동을 했다. 커피 대신 녹차나 오렌지 주스, 물로 수분을 보충했다. 조지 윌링크는 미 해군 네이비실 팀3 태스크 유닛의 사령관이었다. 그는 아침 4시 30분에 일어나 곧바로 체육관에 가서 한 시간 정도 기진맥진할 정도로 운동을 하고 30분 조깅을 하며 운동을 끝낸다. 세계적인 리더의 공통점은 미라클 솔루션을 통해서 수많은 업무를 해낼 수 있는 체력을 갖추었다는 것이다.

왜 아침 일찍 일어나서 운동하면 성공할까? 백만장자이자 세계적인 연설가이고 베스트셀러 작가이자 기업가인 에릭 호는 아침 3시와 5시 사이에 일어나 있는 사람들은 세상에서 선택받은 사람들이라고 말했다. 수비학에는 창조의 원리가 작용하는 시간대가 있다고 한다. 창의적인 작업을 하는 사람들은 이때 글을 쓰거나 일을 하고 운동을 하면 자신의 일에서 성공하는 경우가 많다. 무라카미 하루키는 매일 아침 4시에 일어나 10킬로미터를 달린다. 그의 소설이 매번 베스트셀러가 되는 데에는 이유가 있다. 아침 운동을 하면서 하루 중 스트레스에 대처할 수 있는 체력을 기르는 것이다. 어떤 분야에서건 성공하기 위해 가장 중요한 요소인 체력이 이미 아침에 형성되는 것이다. 운동을 통해서 몸과 마음과 영혼이 강해지면 어떤 일도 잘 헤쳐나갈 수 있는 긍정성이 생겨난다. 뇌신경학자인 구보타 기소는 미라클 솔루션 습관에서 운동이 빠질 수 없는 이유를 과학적으로 설명해준다. 학창 시절에 운동을 했던 사람이라도 30세를 기점으로 '최대 산소 섭취량'이 해마다 약 1퍼센트씩 떨어진다고 한다. 최대 산소 섭취량은 사람의 신체가 산소를 얼마나 받아들일 수 있는지 나타내는 것이다. 이 수치가 높을수록 몸의 지구력이 높다. 뇌세포는 혈액에서 영양분이나 산소를 거둬들여 에너지로 만든다. 따라서 뇌의 쇠퇴를 최대한 막으려면 이 '최대 산소 섭취량'의 저하를 억제하는 것이 중요하다. 그러므로 '노화'와 '장수' 같은 말이 아직 피부로 와닿지 않는 20, 30대의 청년들도 운동의 중요성을 깨달아야 한다. 물론 40, 50대 이상인 사람들도 늦었다고 생각할 필요가 전혀 없다.

'텔로미어'라는 노화 시계가 있다. 이 시계는 남은 길이로 개체의 수명을 예측할 수 있다. 운동을 하면 '텔로미어'가 짧아지지 않아 노화를 늦출 수 있다. 운동을 통해 젊음을 유지하고 수명을 9년이나 연장할 수 있는 연구 결과가 있다. 1999년 미국 미시시피대학과 샌프란시코대학의 공동 연구를 통해 운동이 수명 연장의 비밀임이 밝혀졌다. 20세에서 89세 사이의 6503명을 대상으로 걷기와 같은 저강도, 자전거와 달리기와 같은 중간 강도, 웨이트 트레이닝과 같은 고강도 운동을 한 사람들의 '텔로미어' 길이 감소를 측정했다. 아예 운동을 안 한 사람보다 걷기 같은 운동이라도 한 사람은 텔로미어 감소율이 3퍼센트 줄었다. 두 가지 이상의 운동을 한 사람은 24퍼센트 줄었다. 세 가지 이상의 운동을 한 사람은 29퍼센트 줄었고, 네 가지 이상의 운동을 한 사람은 무려 52퍼센트나 줄었다. 이 연구를 주도한 브리검영 대학교의 생명과학 교수 터커 래리는 다음과 같이 말했다.

> 당신이 마흔 살이 되었다고 해서 당신의 몸 또한 생물학적으로 마흔 살이 되는 것은 아닙니다. 자신의 나이보다 훨씬 어려 보이는 사람을 본 적이 있죠? 신체 활동을 많이 할수록 당신은 생물학적으로 나이를 덜 먹습니다.

아침에 일어나기가 힘들고 운동할 시간이 없다는 사람들은 아침에 눈을 뜨고도 이런저런 일어나지 못할 핑계를 찾는다. '일단 일어나는 것'이 운동이다. 몸을 움직이는 신체 활동은 뇌를 깨운다. 뇌의 최고 중추인 전두전야는 몸을 움직임으로써 활성화되기 때문이다. 그래서 운동을 하면 머리가 좋아진다고 하는 것이다. 화장실을 갈 때에도 '걷기'가 활성화된다. 사소한 행동 하나에도 문을 여는 시각령이, 손잡이를 쥘 때에는 운동령이 활동해 어느 정도의 힘으로 손잡이를 잡아야 할지 뇌가 계산한다. 운동을 일단 화장실에 가서 다 해버리자. 스쿼트 1초 한 개, 푸시업 1초 1개, 플랭크 1초부터 시작해보자. 운동량을 몇 시간씩 크게 잡으면 뇌가 놀란다. 포기하게 된다. 미라클 솔루션 운동은 처음 습관을 들일 때에는 아주 작게, 쉽게, 간단하게 시작해야 한다. 운동은 하지 않는 것보다 하는 것이 좋다. 근육은 게으름뱅이라서 금세 퇴화한다. 평생 1초간 아침에 일어나자마자 한다고 생각하고 간단한 맨손 운동을 1초간 지속하자. 즐겁게 운동해야만 오래 지속할 수 있다. 1초 운동은 너무 쉽고 간단해서 실패할 수가 없다. 자신감을 얻고 운을 바꾸려면 운동을 하고 몸을 움직여야 한다.

'머리를 좋게 한다', '뇌를 활성화한다'라고 하면 머리에 지식을 많이 넣는 것이라고 생각하는가? '몸을 움직이는 것' 자체가 전두전야를 활성화하여 머리를 좋게 한다. 신체 활동을 많이 할 때, 일상의 사소한 동작을 할 때에도 뇌는 충분히 움직이고 있다. 뇌 안에는 워킹 메모리가 있어서 우리를 사고하고 판단하게 한다. 이 워킹 메모리는 우리가 몸을 움직일 때 항상 활동한다. 조깅을 한 사람의 워킹 메모리

테스트 점수가 조깅을 하지 않은 사람보다 더 높다는 연구 결과도 있다. 몸을 움직이면 머리가 좋아진다. 그래서 아침에 눈을 떴을 때 가급적이면 몸을 먼저 움직여주는 것이 중요하다. 그 자리에서 일어나서 팔을 벌리고 야호, 일어났다! 라고 소리쳐보자. 자신을 칭찬하면서 아침 의식을 시작하는 것도 좋은 미라클 솔루션 1초 운동 방법이다. 일반적으로 가장 적당한 운동은 남자는 40분, 여자는 30분이다. 일주일에 다섯 번씩 중간 강도의 운동을 하는 것이 가장 좋다. 운동이 습관화된 사람이라면 이렇게 오래 해도 좋다. 하지만 미라클 솔루션 습관을 들이기 위해서는 처음부터 무리하게 시작하지 않는 편이 좋다. 운동이 습관화되어 있지 않은 사람들은 하루 1초간 콩콩 점프를 한 것을 '성공'이라고 잠재의식에 새긴다. 그 이상은 미라클 솔루션 초기 단계에서는 권하지 않는다. 스쿼트 1개, 푸시업 1개, 플랭크 1초, 등으로 아주 간단한 운동을 1초만 한다고 생각하라. 운동을 지속하기 위한 잠재의식의 변형 방법은 아주 작게 시작하여 점점 크게 늘려가는 것이다. 잠재의식을 처음부터 너무 자극하면 쉽게 포기하게 된다. 아주 작은 성공 습관을 뇌세포에 입력하면 그때부터 점점 더 할 수 있는 힘이 생긴다.

MIRACLES
TIME

• **Q1 내 키와 몸무게를 적어보자. 내 건강 상태는 어떤가?**

• **Q2 건강한 정신을 위해 건강한 육체를 단련하는 것은 정말 중요하다. 내
상태를 좀 더 건강하게 만들 필요가 있다면 현재 상태와 변하고 싶은 상태
를 비교해서 적어보자.**

• **Q3 변화를 위해 운동을 하기로 마음먹었다면 이제 구체적이고 쉽게 할 수
있는 운동 방법과 시간, 그리고 장소를 생각해서 적어보자.**

S

Scrawl

쓰기

✦

왜 성공한 사람들은 아침에 일어나서 글을 쓸까? 독서 습관과 더불어 메모하고 기록하는 것도 성공하는 사람들이 공통적으로 행하는 미라클 솔루션 의식이다. 모두 성공하고 싶어 하는데 왜 글을 쓰지 않을까? 이유는 간단하다. 쓰기가 어렵기 때문이다. 글을 쓰라고 하면 사람들은 겁부터 낸다. 글은 전문 작가가 쓰는 것이라고 생각한다. 성공한 사람들 중에서 작가가 된 사람이 많은 이유는 이들이 아침에 일어나자마자 글을 쓸 수밖에 없는 환경에 놓여 있기 때문이다. 남들보다 몇 시간 일찍 일어나서 하루를 시작하면 종이에 뭐든지 쓰게 된다. 성공한 사람들도 처음부터 거창하게 시작하지 않았다. 필자도 미라클 솔루션을 시작하면서 하루에 세 줄만 써보자고 결심한 것이 작가 이력의 첫걸음이었다. 간단히 몇 줄을 쓰다 보니 계속 글을 쓸 수 있는 아침 습관이 만들어졌다. 종이 위에 1초 동안 펜을 댄 것을 미라클 솔루션 의식의 성공으로 생각하자. 감사한 일 한 가지를 떠올리고 1초 동안 쓰기를 잠재의식에 연결하자. 아침 한 줄이면 누구나 다 글을 쓸 수 있다. 그래서 미라클 솔루션 의식을 실천하는 사람들 중에 책을 출간하는 꿈을 이루는 사람들이 많다. 미라클 솔루션 쓰기의 대표적인 인물로는 오프라 윈프리가 있다. 《타임》이 선정한 '20세기의 위대한 인물', 《포브스》 선정 '세계에서 가장 영향력 있는 인물' 오프라 윈프리는 항상 수첩을 휴대하고 감사할 점들을 메모한다. 오프라 윈프리는 '오프라 쇼'에서 매일 감사한 점 다섯 가지를 쓰는 것으로 하루를 시작하는 미라클 솔루션 감사 쓰기를 강조했다. 이 습관으로 인생에 더 멋지고 흥분되며 놀라운 일들이 많이 일어난다고 말했다. 그녀도 처음부터 거창하게 쓴 것은 아니다. 불행했던 시절에 감사할 것들을 찾아내고 종이에 그것들을 기록한 것뿐이었다. 1996년 10월 12일의 감사 메모는 다음과 같이 아주 간단한다.

1. 부드러운 바람
2. 플로리다 섬 주위를 달리기
3. 햇빛
4. 벤치에 앉아 차가운 멜론 먹기
5. 오랫동안 수다 떤 것
6. 콘에 담긴 셔벗
7. 너무나 달콤했음
8. 마야 안젤루의 전화
9. 새로 쓴 시를 전화로 들려준 것
10. 게일의 소개팅 이야기

아침에 일어나자마자 미라클 솔루션 의식으로 모닝 페이지 쓰기를 하면 글쓰기가 놀랍도록 수월해질 것이다. 모닝 페이지는 아침에 일어나자마자 무엇이든 떠오르는 생각을 종이에 적는 것을 말한다. 어제 풀리지 않았던 감정과 과거의 기억들, 솔직한 마음으로 부정적인 감정을 모두 종이 위에 쏟아놓고 나면 감정이 가라앉는다. 감정이 부정적일 때에는 어떤 일도 잘 풀리지 않는다. 그렇기 때문에 성공한 사람들은 감정을 털어놓는 미라클 솔루션 쓰기 의식을 자주 행한다. 감정을 종이 위에 털어내면 생각이 정리되고 새로운 힘이 생긴다. 무엇을 쓰든 종이에 뭔가를 적는다는 것은 치유의 행위이고, 글을 쓰는 시간은 치유의 시간이 될 것이다. 줄리아 캐머런의 『아티스트 웨이』에서는 미라클 모닝 페이지를 소개한다. 필자도 매일 모닝 페이지를 쓴다. 처음 시작하는 사람들은 세 페이지가 어렵지만 딱 1초 동안 한 글자를 적는 것도 모닝 페이지가 될 수 있다. 더 구체적으로 하고자 한다면 깊이 들어가면 된다. 아침에 일어나자마자 생각나는 것을 공책에 세 페이지 정도 쓴다. 만약 생각나는 것이 없다면 아무 생각 나지 않는다고 쓰면 된다. 모닝 페이지는 사람들의 잠재의식 속에 창조성의 물꼬를 트는 방법이다. 무의식을 자유롭게 표현하면 내면의 감정이 치유된다. 이성의 검열을 거치지 않은 우리의 생각은 독특한 개성과 빛으로 가득하다. 교육이나 예절 등 외부로부터 강요받은 요소들로 본래의 자기 모습을 잃고 사는 것은 아닌지 살펴볼 필요가 있다. 자신의 내면과 진지한 대화를 나누는 글쓰기 의식은 1초면 충분하다. 만약 1초가 습관이 되어 조금 더 써도 된다면 그때부터 반 쪽을 쓰도록 하자. 미라클 솔루션 기록 습관으로 가장 성공을 거둔 이는 변화경영연구소의 대표이사를 지낸 고(故) 구본형일 것이다. 그는 하루 일과를 시작하기 전 당신의 글을 써라, 그럼 인생이 바뀔 것이다, 라고 말했다. 1997년 여름 이후 그는 매일 새벽 두세 시간씩 글을 썼다. 한 해에 글을 쓰는 데 대략 100시간 내외를 투입했다. 10년 동안 열다섯 권의 책을 낸 그는 자신이 이룬 것이 모두 글쓰기 의식을 실천한 덕분이라고 말했다. 자신을 먼저 연구하고 자기 자신을 가장 잘 아는 '자아 경영'을 통해서 성공한 인생을 살았다. 미라클 솔루션 쓰기 습관을 스스로 나아지는 자기 수련이라고 생각하고 쓰기 수행을 게을리하지 않았다.

당신은 잠자리에 들기 전과 잠에서 깨어난 직후에 무엇을 하고 있는가? 사람들은 하루 평균 5시간 11분을 텔레비전 시청에 쏟는다. 지금은 스마트폰이 그 자리를 대체했다. 첨단 기계에 쏟아붓는 시간을 조금만 아껴서 자신에게 투자한다면 어떻게 될까? 미라클 솔루션 쓰기 의식은 행복한 감정을 안겨준다. 2003년 에먼스와 매컬러프 박사는 아침에 감사 일기를 쓰는 사람은 숙면을 하게 되고 신체적 통증이 감소하며, 행복감이 커지고, 변화에 대처하는 능력이 좋아진다는 사실을 발견했다. 쓰기의 시작은 1초 감사에서부터 비롯된다. 건강과 부, 지혜를 얻는 유일한 방법은 일찍 자고 일찍 일어나는 것이다. 미국 건국의 아버지인 벤저민 프랭클린의 말이다. 프랭클린이 받은 정규교육은 여덟 살 때부터 2년 동안 학교에 다닌 것이 전부였다. 읽고, 쓰고, 산수를 배운 것이 그가 학교에서 터득한 모든 것이었다. 그는 젊은 시절 인쇄업자로 성공을 거둔 후 어떻게 하면 인생을 완벽하게 다듬을 수 있을까 생각했고, 고민 끝에 발견한 성공 요소들을 습관으로 정착시켰다. 어느 순간 자신의 내면에서 황금처럼 빛나는 존재를 만났고, 그 빛이 가리키는 대로 열세 가지의 덕목을 적었다.

1. **절제** : 폭음, 폭식을 삼간다.
2. **침묵** : 타인과 나에게 유익한 말 이외에는 하지 않는다.
3. **결단** : 해야 할 일은 실행하기로 결심한다. 그리고

꼭 실행에 옮긴다.

4. **절약** : 타인과 자신에게 유익한 일을 모색하고 낭비하지 않는다.

5. **성실** : 타인에게 폐가 되는 거짓말을 하지 않는다.

6. **정의** : 타인에게 해를 입히는 행위는 하지 않는다.

7. **청결** : 몸과 의복, 주변을 불결하게 하지 않는다.

8. **평정** : 하찮은 일, 피하고 싶은 일이 생겨도 평정심을 잃지 않는다.

9. **순결** : 타인의 신뢰와 자존심에 상처를 입히는 행동은 피한다.

10. **근면** : 시간을 헛되이 쓰지 않는다. 언제나 유익한 일에만 힘을 쏟는다. 불필요한 행동을 하지 않는다.

11. **중용** : 생활의 균형을 지키고 화를 내지 않으며 타인에게 관용을 베푼다.

12. **겸손** : 예수와 소크라테스를 본받는다.

13. **규율** : 모든 물건은 위치를 정해놓고, 일도 시간을 정해놓고 진행한다.

벤저민 프랭클린은 일어나자마자 이 글을 수첩에 쓰고 매일 지키기 위해 노력했다. 잘 지켜지지 않으면 까만 동그라미를 그려 체크하고, 매일 스스로 되돌아보고 반성했다. 여기서 중요한 사실은 번뜩이는 영감이 떠오르면 그것을 종이에 적어서 반드시 실천했다는 것이다. 아침에 일찍 일어나 남다른 부와 명예를 성취한 사람들은 더 나은 삶을 살도록 다른 사람들을 도와준다. 의식 절차라고 하는 것들이 거창한 것이 아니다. 종이와 펜을 침대맡에 두고 생각나는 것들을 의식의 흐름에 따라서 쓰면 된다. 엄청나게 성공한 CEO든, 내공이 단단한 선승이든 간에 그들의 삶을 끌어가는 동력 중 하나인 미라클 솔루션 쓰기는 당신 또한 한 층 더 업그레이드 된 존재로 만들어줄 것이다. '눈 뜨면 1초 쓰기'를 기억하라. 이 간단한 단어가 여러분을 기적으로 초대할 것이다.

MIRACLES
TIME

• **Q1** 지금 내 기분을 적어보자. 혹은 떠오르는 아이디어도 좋다. 어떤 단어
들이 눈에 들어오는가?

• **Q2** 심란한 내 기분과 어려워보이던 아이디어가 글로 적어보니 어떤가?
활자로 정리된 글을 보니 좀 더 차분하고 자세하게 알 수 있을 것이다. 그
렇다면 내친김에 좀 더 글을 써보자.

• **Q3** 어떤 글이라도 좋다. 내가 쓰고 싶은 글을 하루에 조금이라도 써보는
건 어떨까? 간단하고 지속할 방법을 생각해서 적어보자.

재능이 아니라 지속

✦

미라클 솔루션 성공 습관의 핵심은 조금씩, 1초간이라도 매일 지속하는 것이다. 미국에서 가장 영향력 있는 코치이자 대통령을 비롯하여 전 세계에 가장 유명한 사람들의 코치인 토니 라빈스는 한때 가난한 빌딩 청소부였다. 그는 재능이 있었던 것도 아니고 가진 거라곤 고등학교 졸업장뿐이었다. 그런 그가 미라클 솔루션 습관의 힘으로 현재는 세계에서 가장 영향력 있는 코치가 되었다. 그는 CANI^{constant and never ending improvements}라는 개념을 만들었다. 그는 변화는 지속 가능한 것이어야 한다고 강조했다. 특히, 습관은 조금이라도 흐트러지면 다시 원래대로 되돌아가는 성질을 갖고 있기 때문에 끊임없이 유지하고 개선해야 한다고 말했다. 결국 지속의 힘이 그를 자기계발 분야의 거인으로 만들었다. 토니 라빈스는 아침에 일어나자마자 명상을 한다. 집 근처 바닷가를 산책하며 운동을 하고, 책을 읽고, 미래를 시각화한다. 과거에 잘한 것들과 지금 행복하고 고마운 일들을 기록으로 남긴다. 매일 크게 확언을 외치는 토니 라빈스는 거인과 같다. 목소리는 쩌렁쩌렁 울릴 만큼 크고 자가용 헬리콥터를 타고 다닐 정도로 바쁘지만, 미라클 솔루션 습관으로 내면은 항상 평화롭다. 성공한 사람들은 지속을 잘한다. 아침에 일어나서 하루를 승리하면서 시작하기 때문이다. 성공 의식인 미라클 솔루션의 여덟 가지 습관 MIRACLES(mediate, imagine, read, affirm, clean, learn, exercise, scrawl)를 실천하면 누구나 성공한다. 명상을 통해서 비워낸 자리에 진정으로 자신이 무엇을 원하는지 내면의 소리를 듣고 채운다. 상상력을 총 동원해 꿈을 이루기 위한 목표를 정하고 그 과정을 시각화한다. 그 과정에서 자신의 목표와 사명, 해야 할 일들, 사회에 이바지할 만한 자신만의 독특한

MIRACLES 8단계

●

재능을 발견한다. 독서를 통해서 이미 기적을 일으킨 사람들을 따라 새로운 전략을 실천해볼 수 있다.

  미라클 솔루션 습관은 딱 1초만 매일 지속하는 것이다. 1초가 30번 쌓이면 30초가 된다. 30일 동안 1초씩만 지속해보자. 오프라 윈프리는 25년간 3만 5천 명을 만나 인터뷰를 했다. 이를 통해 그녀가 터득한 '진실로 소통하는 대화법'은 말하기 전 30초를 생각하고 대화하는 것이었다. 멕시코 톨텍 인디언들은 말을 그 어떤 것보다 신성하게 여겼다. 모든 고통이 말에서 초래될 정도로 말의 무게는 결코 가볍지 않다. 긍정 확언은 고통을 없애주는 해독제다. 돈 미겔 루이스는 천 년간 전해 내려온 위대한 가르침을 네 가지로 요약해 『네 가지 약속』이라는 책을 썼다. 이 책에서 그는 인간의 모든 고통이 네 가지 때문에 일어난다고 주장하고, 자신에게 네 가지 약속을 지킬 것을 강조한다. 말로 죄짓지 말 것. 추측하지 말 것. 어떤 것도 내 문제로 여기지 말 것. 최선을 다할 것. 긍정의 말은 삶에 대한 긍정적 태도와 희망을 심어준다. 1초간 매일 지속적으로 네 가지를 빠르게 떠올린다. 만약 이 네 가지를 지킨다면 성공할 수밖에 없는 사람이 될 것이다. 확언이 잠재의식을 바꾸기 때문이다. 청소를 하며 어지러운 생각을 정리하고 하루를 상쾌하게 보낼 수 있다. 유튜브에서 자기계발 관련 콘텐츠를 찾아 들으면서 자신을 성장시킨다. 어학을 비롯하여, 꿈을 이루는 데 필요한 배움을 지속한다. 운동을 통해서 성공과 행복한 삶에 가장 중요한 체력을 쌓는다. 글쓰기를 통해서 감정과 생각을 비워내고 사람들에게 도움을 줄 수 있다. 이 행위를 지속해야 기적이 유지된다. 남다른 노력을 기울여야만 그토록 간절히 바라는 성공이 찾아온다. 확고한 신념을 갖고 1초라도 일찍 일어나서 딱 1초만 미라클 솔루션 습관을 실천한다고 생각해보자. 그러면 지속하지 않는 것이 불가능하다. 파울로 코엘료는 『연금술사』에서 꿈과 기적과 삶의 목적, 사명에 관해서 사람이 어느 한 가지 일을 소망할 때 우주의 모든 것들은 꿈을 이룰 수 있도록 뜻을 모은다, 라고 말했다. 꿈을 향해 노력할 때 신념을 확실하게 심어줄 수 있다.

간절하게 한 가지 일을 소망한다. 그 일을 성공시키기 위해 미라클 솔루션의 여덟 가지 습관을 실천한다. 자신의 정체성identity을 구축하기 위해선 무엇을 이루어야 할까? 이루어야 할 것을 파악하고 나면, 그 목표가 스스로의 사명이 된다. 목표를 이루기 위해서 과정을 상상하는 동안, 놀라운 기적들이 일어난다. 그래서 미라클 솔루션 습관이라고 한다. 기적 습관이다. 기적은 아침을 승리하면서 시작하는 데 있다. 하루의 시작을 승리로 장식하지 않으면 인생 전체가 무너진다. 목표를 이루기 위해서 노력하는 과정이 즐겁기 때문에 아침 일찍 눈이 번쩍 떠지는 기적을 경험하게 될 것이다.

100개의 목표가 있는 사람과 한 가지 목표가 있는 사람 중에서 누가 더 집중을 잘할까. 물론 하나의 목표를 가진 사람이다. 성공하려면 먼저 하나의 목표를 이루고 나서 다음 목표로 넘어가야 한다. 이것저것 다 하려고 욕심을 내다 보면 할 일이 너무 많아져 쉽게 포기하게 된다. 하지만 미라클 솔루션 습관은 한 개의 목표를 이루면 거기에서 파생되는 다음 목표들이 연속적으로 일어나서 결국 큰 꿈을 이루게끔 한다. 시작은 아주 미약하나 끝은 정말 창대하다.

훌륭한 목적과 어떤 특별한 계획에 고무되면, 생각 전체의 굴레가 깨진다. 정신은 한계를 초월하고 의식이 사방으로 확장되어 새롭고 멋진 세계에 있는 훌륭한 자신을 발견하게 된다. 잠재력과 능력, 재능이 살아나고 꿈꾸던 것보다 훨씬 더 훌륭한 모습이 되어 있는 자신을 보게 될 것이다. 부와 성공에 대한 자기계발서들이 강조하는 하는 것은 무엇일까. 지루할 때까지 새로운 습관을 지속하라고 한다. 세계에서 가장 지혜롭고 부유하고 성공한 사람들이 이야기를 정리한 책 『타이탄의 도구들』에서는 기적을 부르는 미라클 솔루션 습관을 다음과 같이 설명한다. 저자 팀 페리스는 성공한 사람들을 상담하면서 그들이 아침마다 반복하는 것이 미라클 솔루션 습관이라는 것을 알아냈다. 이부자리를 정리하고, 명상하고, 몸을 깨우는 단순한 동작(운동)을 반복하고, 차를 마시거나 일기를 쓰는 단순한 행동을 하는 것이 성공의 비결이라고 결론지었다.

무엇이든지 오랫동안 지속하는 것은 결과물을 남긴다. 오늘 우리의 모습은 어제의 습관의 결과다. 매일 아침 운동을 하는 사람들은 건강한 몸을 결과물로 얻는다. 매일 저녁 술을 마시는 것은 아침에 속이 쓰리고 간이 상하고 뭔가 몸과 컨디션에 문제가 생기는 결과를 남긴다. 무언가를 꾸준히 지속하면 그것이 좋은 습관이건 나쁜 습관이건 반드시 상응하는 결과를 가져온다. 미라클 솔루션 습관은 성공의 방정식이고 기적 지속 습관이다. 아침마다 1초 일찍 일어나서 검증된 성공 도구인 여덟 가지 기적 습관을 실천해보자.

하루를 기적 습관으로 시작하면 의식 전체와 생각이 기존의 관념과는 완전히 달라진다. 새로운 자신을 만나기 위한 기적 습관은 꾸준함이 답이다. 매일 하는 것이다. 1초는 실패할 수 없는 습관이다. 2초도 필요 없다. 미라클 솔루션을 처음 시작하는 분들은 1초만 실천하라. 운동도 1초, 독서도 1초, 글쓰기도 1초, 명상도 호흡 한 번 1초, 청소도 1초만 한다. 이게 무슨 말이냐고 어리둥절할지 모르지만 성공은 '지속 습관'이다. 승리의 비결은 매일 지속하는 데 있다. 만약 하다가 중도에 포기해버리면 습관은 관성의 법칙에 지배를 받아 원래의 나태하던, 늘 불만스러웠던 때로 돌아간다. 무리한 실천은 그렇게 쉽게 깨질 수 있다. 자신만의 강한 의식으로 미라클 솔루션 습관을 만들기 위해선 먼저 강력한 목표 하나를 설정하고 그것을 위해 가장 쉬운 것을 365일 꾸준히 실천해야 한다. 평일이든 주말이든 1초를 내기는 어렵지 않다. 주말에도 미라클 솔루션 습관을 지속하다 보면 월요병이 사라진다. 똑같은 아침 의식을 통해서 지속적으로 자신을 개발해주는 미라클 솔루션 습관을 지금 당장 실천해보자. 미라클 솔루션은 특별한 재능이 없어도 누구나 할 수 있는 지속 습관이다.

생각 없이
무조건 행동

✦

습관은 예외를 두면 원래대로 가려는 경향이 있다. 뉴턴의
운동 법칙 중 제1법칙은 습관의 관성을 잘 설명한다. 외부
에서 힘이 가해지지 않는 한 모든 물체는 자기의 상태를 그
대로 유지하려 한다. 이 세상에 존재하는 것들은 모두 일종
의 에너지다. 습관도 에너지라서 외부에서 어떤 힘이 가해
지지 않으면 원래대로 돌아간다. 많은 사람들이 담배와 술
을 완전히 끊었다고 생각하다가도 극심한 스트레스 상황이
나 괴로움이 닥치면 다시 과거의 행동을 반복한다. 술이나

담배를 다시 한다는 것은 관성의 법칙이 적용된 예이다. 이러한 관성을 없애려면 미라클 솔루션 습관을 통해 불필요한 생각의 고리를 끊어야 한다. 쉽고 간단한 미라클 솔루션 1초 습관은 생각을 거치지 않는 자동 습관이므로, 어떤 상황에서도 관성에 끌려가지 않고 유지될 수 있다. 『아주 작은 습관의 힘』이라는 책에서 저자인 제임스 클리어는 습관이 형성되려면 매력적이고, 아주 쉬워야 한다고 말했다. 미라클 솔루션 1초 성공 습관은 성공할 수밖에 없는 습관이다. 쉽고 단순하며, 생각을 멈출 수 있는 강한 뇌의 회로를 만들어주기 때문이다.

우리의 운명은 지속하는 습관에 의해서 결정된다. 좋은 습관은 외부의 힘이 가해지지 않아도 자동적으로 좋은 결과를 내기 때문에 특별한 노력 없이도 잘 유지된다. 문제는 나쁜 습관이다. 좋은 습관은 들이기 어렵지만 성공적인 인생을 살게 해준다. 반면 나쁜 습관은 들이기는 쉽지만 없애기는 무척 힘들다. 하지만 쉽게 생각하면 금방 고칠 수도 있다. 나쁜 습관을 지속했을 때 미래에 초래될 고통을 상상하고 적어보자. 예를 들어 지금 당장 다이어트를 하지 않고 계속 과식하고 몸에 나쁜 음식을 먹었을 때 초래될 미래의 고통은 무엇일까? 변화 전문 코치 토니 라빈스는 변화는 그 자리에서 이루어질 수 있다고 했다. 습관을 바꾸지 않으면 초래될 고통을 미리 떠올려보자. 지금 당장 생각이 바뀔 것이다. 미라클 솔루션 성공 습관은 신라시대 김유신 장군의 이야기로 만들어졌다. 김유신 장군은 술에 취해서 자신도 모르게 말을 타고 기생집으로 향했다. 계속 그런 일이 반복되자 김유신 장군은 말의 머리를 단칼에 베어버렸다. 이 이야기는 습관이 얼마나 무서운지, 한번 몸에 밴 버릇을 고치기가 얼마나 어려운지를 보여준다. 그러나 김유신 장군처럼 굳은 결심을 하고 단칼에 그 습관을 끊어버리면 다시는 과거로 되돌아가지 않을 수 있다. 감정과 욕망을 다스리는 것은 결코 쉬운 일은 아니다. 옛 선비들이 끊임없이 수양하고 엄격하게 자신의 마음을 통제했던 이유는 자신의 마음과 행동을 제어하기가 어렵다는 것을 알았기 때문이다.

아침에 1초 일찍 일어나는 성공 습관을 잠재의식에 새기면 자신에 대한 믿음과 성공 의식이 높아진다. 365일 성공 습관을 쌓고 있기 때문에 자신의 의지에 반하는 행동을 하려고 해도 잘 안 되는 좋은 습관이 저절로 생긴다. 상위 자아가 원하는 고차원적인 자아 성장을 위해서는 결단해야 한다. 우리는 욕망에 이끌리는 연약한 자아가 마음속에 있음을 안다. 그러나 그것이 올바른 길인지 항상 스스로에게 질문해야 한다. 다른 사람에게 피해를 주는 것인지 아닌지를 판단하여 오로지 미라클 솔루션 1초 습관을 성공시키자. 하루도 예외를 두어서는 안 된다. 예외를 두면 욕망의 굴레를 벗어나기 어렵다. 무엇보다 따라서는 안 되는 습관이면 말의 목을 친 김유신 장군처럼 단칼에 베어버려라. 습관이 오래되면 천성으로 굳어지므로, 단단해지기 전에 잘라버려야 한다.

율곡 이이 선생은 "오래된 습관은 단칼에 자르듯이 뿌리를 잘라버려야 한다(革舊習一刀決斷根柱)"는 가르침을 남겼다. 만약 오래된 습관이 관성의 법칙에 따라 다시 발동하려 하거든, 김유신 장군과 율곡 이이 선생의 '단칼'을 1초만 외치자. 미라클 솔루션 1초 성공 습관은 불필요한 생각을 건너뛰고 자동으로 실천하게 되는 가장 획기적인 방법이다. 이보다 더 효율적이고 혁신적인 방법은 존재하지 않는다. 이미 선조들은 우리의 나약한 마음을 간파하고 가르침을 남겼다. 잘못된 습관, 자신의 영혼이 거부하는 습관은 단칼에 베어버려야 한다. 여러 차례 나누고 미루다 보면 의지는 약해진다. 그 자리에서 결단을 내리자. 근본적으로 우리가 나쁜 습관을 끊어내고자 하는 것은 하늘이 내린 선한 본성을 잃지 않고 살아가기 위함이다. 욕망과 계속 타협하고 느슨하게 예외를 두면 그것이 습관이 되어 고통을 초래한다.

엉뚱한 행동을 하려는 마음이 생기면 바로 '단칼'이라고 외치고 일어나라. 절대 예외를 두지 마라. 1년 365일 자동 습관이 되기 위해서는 실패할 수 없는 1초 습관을 기억하라. 나쁜 습관을 끊으려거든 1년 365일 잠재의식에 성공 습관을 들여야 한다. 성공을 매일 지속해야 학습된 무기력이 사라진다. 1초면 자신감과 자존감도 높아진다. 자신을 먼저 잘 달래서 성공 습관을 확고하게 들이고 미라클 솔루션을 통해 일찍 일어나도록 한다. 1초면 된다. 1초만 일찍 일어나라. 습관을 잡는 초기 단계에서 너무 빨리 더 이상 크게 목표를 잡지 않는다. 이것이 자동으로 습관을 들일 수 있는 비결이다.

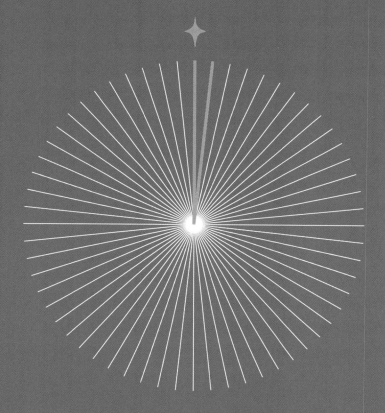

PART 3

기적으로 가는 초기 습관

습관보다 강한 것은 없다

—

오비디우스

5, 4, 3, 2, 1

✦

지금의 생활에 만족하고 적당히 사는 독자들은 이 책을 읽지 않는다. 당신은 지금보다 더 행복하고 나은 삶을 살기를 바라고 생산성을 높이기 위해 이 책을 집었을 것이다. 좀 더 나은 자신을 위해 미라클 솔루션 습관을 실천하고자 할 것이다. 아주 좋다. 그렇게 자신을 성장시키는 것이 인간으로 이 세상에 태어난 목적이다. 단도직입적으로 말하겠다. 미라클 솔루션은 꿈을 이루어주는 최고의 도구다. 이것만 실천하면 삶의 모든 분야에서 기적같이 성공할 것이다. 달라

기적으로 가는 초기 습관

·

이 라마는 아침에 일어나는 자세에 대해 다음과 같이 말했다.

- 매일 눈을 뜨자마자 아침에 일어나는 것을 축복으로 생각하세요.
- 살아 있어서 소중한 시간을 낭비하지 않겠다고 선언하세요.
- 힘이 닿는 데까지 타인을 이롭게 하는 방법을 찾아 실천하세요.
- 저 역시 그렇게 삽니다.

성공한 사람들이 모두 다 실천하는 미라클 솔루션 습관을 행하면, 다음과 같이 그동안 상상하지 못했던 좋은 일들이 생긴다.

- 아침이 기다려져서 일찍 잠에 들고 싶어진다.
- 생산성이 증가하여 업무 실적이 좋아진다.
- 삶이 풍요로워지고 건강이 좋아지며 주변 사람들과의 관계가 놀랍게 바뀐다.

많은 사람들이 질문한다. 시도했는데 잘 안 됩니다, 어떻게 하면 제대로 할 수 있을까요? 이 질문에 대한 대답은 안 되는 것은 있을 수 없다는 것이다. 습관은 반복에 의해서 바뀐다. 21일, 66일, 100일의 습관 형성 기간이 있다. 하지만 미라클 솔루션 습관은 삶을 기적과 같이 바꿔주기 때문에 며칠이 중요하지 않다. 실천한 일수와 상관없이 올바르게 실천하기만 하면 평생 지속할 수 있다. 필자는 1500일 이상 하루도 빠짐없이 이른 아침에 일어나서 미라클 솔루션 습관을 온전히 실천해봤다. 삶을 간절히 바꾸고 싶었다. 미라클 솔루션이 정말로 좋은 것인지 실험해보고자 하는 호기심이 있었다. 성공한 사람들이 하나도 예외 없이 미라클 솔루션 습관을 실천한다는데 나도 될까? 라는 단순한 생각에서 시작했다. 결론은 성공을 위한 습관이 맞았다. 지금까지 배운 지식과 자기계발 방법을 통틀어 미라클 솔루션은 원하는 것을 모두 다 얻을 수 있는 가장 강력한 도구다. 지금까지 아무리 자기계발을 해도, 책을 봐도 바뀐 게 없었다면 이 책을 잘 선택했다고 말하고 싶다. 진짜 삶을 바꾼 저자가 경험을 바탕으로 쓴 책이니 신뢰해도 좋다. 강력한 도구가 있지만 혼자서 실천하려고 하니 어렵게 느껴졌을 것이다. 하지만 이제는 괜찮다. 매일 일찍 일어나 미라클 솔루션 습관을 실천하는 사람들이 점점 늘어나고 있으니 그들과 같이 하면 된다. 95퍼센트의 사람들은 명상하고 독서하고 운동하고 확언하고 시각화하고 글 쓰고 청소하고 배우는 삶을 시도조차 하지 않는다. 대부분 자신의 능력보다 못한 수준에서 머물러 있다. 5퍼센트의 성공한 사람들만이 매일 실천하는 미라클 솔루션 습관을 더 많은 사람들이 실천할 수 있도록 이 책에서는 기본에서 심화 과정으로 범위를 넓혀가며 방법을 제시한다. 일단 시작 단계에서는 기본편을 적용해야 한다. 그런 후, 고급편으로 옮겨 가도록 한다. 실천 방법을 자세히 설명할 것이다. 이대로 하면 일어나지 않을 수 없다.

잠을 깨우는 가장 어렵고도 쉬운 실천 방법은 일어나자마 화장실로 달려가서 찬물로 세수하고 양치하는 것이다. 미국 자기계발 분야에서 영향력 있는 멜 로빈스는 일어나서 5, 4, 3, 2, 1을 외치는 '5초 법칙'을 발견했다. 뭘 해도 미루기만 하고 아침에 일어나는 것이 죽기보다 힘들었는데 어느 날 텔레비전에서 로켓이 발사되는 순간에 하던 카운트다운에서 번뜩이는 영감을 얻었다. 그는 다음 날 아침, 잠에서 깨자마자 5, 4, 3, 2, 1이라고 외치고 바로 화장실에서 양치하고 세수하고 아침을 승리함으로 시작했다. 결과적으로 모든 것이 기적처럼 바뀌었다. 의식이 깨어나기 전에 간절한 꿈을 떠올려보자. 이 꿈을 위해 잠에서 일어나야 하는가? 아니면, 그냥 알람을 끄고 이불 속에서 더 자야 하는가? 자신의 내면에게 질문해보라. 간절한 꿈을 떠올릴 수 없다면 이 책을 통해서 꼭 찾기 바란다. 책을 읽다 보면 저자의 에너지로 인해 꿈을 발견하게 될 것이다.

호텔에서 벨보이로 일하는 가난한 청년이 있었다. 이 청년은 힘들게 일하면서도 자신의 방 책상에서 눈에 가장 잘 띄는 자리에 호텔 사진을 붙였다. 그리고 아침 일찍 일어나 '호텔왕'이 되어 가장 큰 호텔을 소유하고 있는 자신의 모습을 상상했다. 꿈을 이루는 기적 지도의 여백에 다음과 같은 말을 적고 외쳤다.

나는 반드시 세계 최고 호텔의 주인이 된다.

기적으로 가는 초기 습관

가족과 주변 사람들은 비웃었다. 가난하게 사는 호텔 벨보이 주제에 무슨 세계 최고냐며 수군대고 비난했다. 허황된 꿈처럼 보일 수 있겠지만 미라클 맵은 붙이고 상상하는 순간 현실로 이루어진다. 그 청년은 미라클 맵의 비밀을 알았다. 간절히 바라고 상상하면 이루어진다는 것을. 그래서 새벽에 일찍 일어나 남들보다 활기차게 하루를 시작했다. 세수를 하면서도 나는 반드시 큰 호텔의 주인이 된다, 라고 수천 번 외쳤다. 성공 공식을 다 실천한 것이다. 미라클 솔루션의 습관, 시각화, 확언, 아침 청소, 배움, 운동, 독서를 실천했기에 그는 힐튼 호텔의 창업자가 되었다. 15년 동안 하루도 빠짐없이 콘래드 힐튼은 자신의 성공 비결을 이렇게 말했다.

성공에서 가장 중요한 것은 아침에 일어나자마자 화장실로 뛰어가 꿈꾸는 능력이다. 나보다 뛰어난 동료들이 많았지만 그들은 습관을 실천하지 않았다. 나는 실천했다. 그리고 남들이 말도 안 된다고 하는 큰 꿈을 상상하고 시각화하고 외치고 쓰고, 아침마다 손님들을 환하게 웃으며 대하고, 청소하고, 배웠다. 그렇기 때문에 나는 성공했다.

오늘부터 바로 실천하는 팁을 세 가지만 기억하
자.

1. 아침에 일어나서 꿈을 떠올린다.

2. 질문한다. 5, 4, 3, 2, 1을 센다.

3. 바로 화장실로 직행해서 찬물로 세수하고 양치한다.

이 세 가지가 여러분을 마법과 같은 미라클 솔루션 세계
로 들어가게 해줄 것이다. 시작하기 전에는 어렵고 부담스
럽게 느껴질지도 모른다. 하지만 믿고 시도해보라. 이렇게
기본적이고 본질적인 기초 공사를 잘 해놓으면 튼튼한 집
을 지을 수 있을 것이다. 여러분이 바라는 성공이라는 꿈의
집을.

사소하고 작고
재미있게

인생은 핵심 습관 하나를 바꾸면 기적같이 달라진다. 미라 클 솔루션 습관은 성공한 모든 사람들이 매일 실천하는 습 관이다. 성공한 사람들은 처음 미라클 솔루션 습관을 실천 할 때 아주 작게 시작해서 성공했다. 말도 안 된다고 생각하 는가? 사소하고 별것 아닌 일이라도 몇 년 동안 꾸준히 지 속한다면 기적이라고 할 수 밖에 없는 일이 생긴다. 성공한 이들은 작고 사소하고 핵심적인 습관을 반복한 것이 지금 의 그들을 만들었다고 이야기한다.

노벨문학상을 수상한 밥 딜런은 「하루 더 많은 아침」이라는 시를 쓸 정도로 남들보다 아침을 사랑했다. 그는 아침에 자신을 위한 고독의 시간을 가졌다. 아주 사소하고 작게 시한 줄 적은 것이 그에게 노벨문학상을 안겨주었다. 그는 아침에 기적을 경험하고, 아침 일찍 잠에서 깨어 자신이 하고 싶은 일을 할 수 있는 사람은 성공한 사람이다, 라고 그 감동을 표현했다. 노벨문학상을 받는 것은 최고의 성공이다. 그 엄청난 성공도 아주 사소하고 작게 재밌게 아침에 시 한줄 쓰는 데서 시작되었다. '천릿길도 한 걸음부터'라는 명언을 실천했다. 사고하고 작게 재밌게 글 한 줄 쓰는 사람은 이미 성공 씨앗을 심은 것이다. 무라카미 하루키도 좋아하는 미라클 솔루션 습관, 글쓰기를 제일 먼저 한다. 그는 아침에 일어나서 여섯 시간 글을 쓴다. 처음부터 이렇게 오래 쓴 것은 아니었다. 아주 사소하고 단순하게 재밌게 미라클 솔루션 루틴을 반복했다. 나머지 미라클 솔루션 습관인 달리기 운동, 독서, 음악 감상, 수영 등으로 하루를 보냈다. 그는 규칙적으로 꾸준히, 쉬지 않고 어떤 자취를 새겨 나간다는 것은 대단한 일이라고 했다. 그 작은 발걸음이 시간과 함께 쌓여 열매를 맺었다. 성공은 이렇게 사소한 시

기적으로 가는 초기 습관

작에서 비롯된다. 일단 작게 시작하는 것이 중요하다. 아침에 일찍 일어나기 위해서 밤 9시에 잠자리에 든다. 불면증이 있을 수 없다. 커트 보니것도 하루키와 비슷한 미라클 솔루션 습관으로 글을 쓴다. 그는 아침 5시 30분에 일어나서 8시까지 글을 썼다. 잠은 10시 이전에 잤다. 스티븐 킹도 거의 같은 시간에 일어나 글쓰기를 시작한다. 종이나 컴퓨터에 자신이 세운 목표인 단어 2천 개가 채워지면 글쓰기를 멈춘다. 그 루틴을 함부로 바꾸지 않는다. 쉽고 재밌게 시작한 한 줄 글이 2천 개의 단어가 되게 했다. 대가들도 처음부터 글을 잘 쓴 것은 아니다. 미라클 솔루션 습관이 성공한 작가들을 만들었다. 그들은 세계 어디를 가더라도 이 루틴을 바꾸지 않는다. 생일이나 휴일에도 규칙적인 습관을 흩트리지 않는다.

많은 사람들이 작가가 밤에 글을 쓸 거라고 생각한다. 하지만 실제로는 아침에 일찍 글을 쓰는 경우가 더 많다. 성공한 작가들은 예외 없이 아침에 글을 쓴다. 아침은 번뜩이는 영감이 잘 떠오르는 시간이다. 아침에 일어나서 쓰면 글이 술술 잘 써진다. 밤에는 어렵게 여겨졌던 문제들이 자고 나면 풀릴 때가 많기 때문이다. 이것은 뇌 활동과 관련이 있다. 사람들은 오후나 저녁이 되면 머리가 잘 돌아가지 않는다는 걸 느낀다. 밤을 샌 다음 날도 마찬가지다. 하루 중 에너지가 가장 활기찬 시간은 잘 자고 일어난 아침이다. 이때는 두뇌에 생기가 넘친다. 뇌는 사용할수록 피로가 쌓인다. 지친 뇌는 새로운 정보를 처리하고 새로운 생각을 하기 위해 잠이 반드시 필요하다. 아침에 일어나 뇌가 가동하기 시작하는 두세 시간 동안 집중력과 사고력이 가장 잘 발휘된다. 창조적인 활동을 하는 데 있어 아침은 '황금 시간'이다. 이때 일어나서 자신이 좋아하는 아침 습관을 실천하면 성공한 인생을 살 수 있다. 아주 사소하게 작게 재밌게 시작하라. 어떤 일을 지속하려면 자신이 잘하는 일, 재미있는 일이어야 한다. 처음부터 목표를 크게 잡지 말고 글 한 줄 쓰기, 시 한 줄 쓰기로 시작하자. 너무 간단해서 실패할 수 없는 일로 시작하라. 이렇게 뇌에 성공회로가 만들어지면 성공할 수밖에 없게 된다.

잠재의식에 새기는 법

✦

성공하는 사람들은 미라클 솔루션 습관을 반드시 실천한다. 역으로 말하면 당신에게 아직 큰 성공이 찾아오지 않은 것은 미라클 솔루션 습관을 매일 실천하지 않았기 때문이다. 이 책에서 제시하는 모든 방법을 동원해서 잠재의식을 완전히 새롭게 바꾸면 당신에게도 기적이 일어날 것이다. 뇌에는 막대한 용량의 이미지들이 저장되어 있다. 잠재의식은 뇌에 영향을 받기 때문에 보통은 우리가 '무의식중'에 행동한다. 우리가 하는 행동의 대부분은 이미 잠재의식에 각인된 과거, 현재, 미래의 이미지에 의해서 좌우된다. 잠재의식에 자신에게 도움이 되는 정보와 꿈의 실현과 성공을 위한 정보를 입력해야 한다. 그래야 잠재의식에 이미지로 저장된 것이 현실로 나타난다. 기존의 무의식에 각인된 '아침은 힘들다'라는 이미지를 '상쾌하고 행복하게 일어나서 꿈을 이루고 성공한다'라는 이미지로 교체하자. 재능도 운도 잠재의식에 입력된 데이터에 의해서 좌우된다.

마음속 이미지와 감정을 처리하는 잠재의식을 담당하는 우뇌는 1초에 1천만 비트의 고속으로 정보를 처리한다. 반면 언어와 논리를 담당하는 현재의식의 영역인 좌뇌는 매초 40비트밖에 처리하지 못한다. 그래서 잠재의식과 현재의식이 충돌하면 잠재의식이 이긴다. 아무리 아침 일찍 일어나기로 결심해도 잠재의식을 바꾸지 않으면 이불 속에서 나오지 않게 된다. 이제는 자신의 이미지를 성공한 사람의 이미지와 행복하고 상쾌하게 일어나는 사진으로 바꾸자. 지금 바로 아침에 상쾌하게 일어나는 모습의 이미지를 찾아서 자기 전과 자고 일어난 직후에 보자. 존경하는 롤 모델의 사진 혹은 아침에 기분 좋게 일어나서 운동하는 이미지를 미라클 맵에 붙여서 계속 보자.

『미라클 맵』에는 잠재의식을 바꿀 수 있는 가장 쉬운 방법들이 설명되어 있다. 아침에 10분만 일찍 일어나서 미라클 솔루션 습관을 실천하고 미라클 맵을 만들어서 자신이 바라는 꿈의 이미지들을 상상할 수 있다면 마술 같은 기적들을 경험하게 될 것이다. 성공한 사람들은 미라클 솔루션 습관을 오래 실천해서 잠재의식을 바꾼 사람들이다. 마약과 성추행을 극복하고 최고의 성공을 거둔 오프라 윈프리, 분유값도 없어서 아이에게 물을 탄 우유를 먹일 수밖에 없었던 조앤 롤링 등이 대표적인 예이다. 그녀는 고아들이 따뜻한 가정에서 보살핌을 받을 수 있도록 기부를 많이 한다. 돈을 제대로 쓸 줄 안다. 이들이 성공한 이유는 잠재의식 깊이 성공을 꿈꾸었기 때문이다.

빌 게이츠, 하워드 슐츠 스타벅스 CEO는 전부 이른 아침에 일어나 미라클 솔루션을 실천한다. 명상하고 배우고, 책을 읽고, 운동하며 시각화와 확언, 글쓰기와 말하기를 공통적으로 실천한다. 대학을 중퇴한 빌 게이츠와 빈민가 출신인 하워드 슐츠는 어떻게 그렇게 큰 성공을 거두었을까. 한마디로 미라클 솔루션 습관을 지속했기 때문이다. 만약 여러분도 큰 성공을 바란다면 오늘부터 결심하자. 이제부터 10분 더 일찍 일어나겠고 선언하자. 잠재의식은 처음부터 너무 큰 목표를 잡으면 반발할 가능성이 높다. 10분이 어려우면 1분으로, 1분도 부담스럽다면 1초로, 아주 작은 단위로 낮추어서 일단 성공시키자. 성공을 잠재의식에 심은 후 계속해서 시간을 앞으로 당기면 잠재의식이 미라클 솔루션 습관을 매일 실천하도록 명령을 내린다. 일단은 1초를 기억하라. 이전보다 1초 일찍 일어난 자신을 칭찬하면서 성공을 잠재의식에 새겨라.

성공한 사람들의 연구를 집대성한 성공 바이블 『놓치고 싶지 않은 나의 꿈 나의 인생』은 미라클 솔루션 습관에 관한 것이다. 명상으로 자기 제어를 하고 시각화와 확언을 통해 잠재의식을 새롭게 바꾸고, 운동으로 체력을 다져서 성공할 수밖에 없는 몸을 만든다. 글쓰기를 통해 감정을 배출한다. 나폴레온 힐은 긍정적인 마음가짐을 가지면 잠자고 있는 아주 새롭고 경이로운 자신을 발견할 수 있다고 말했다. '자신에게 긍정적인 암시 주기', '목표 세우기', '공부하고 배우고, 날마다 계획하기'를 통해서 잠재의식을 바꿔야 변화가 가능하다는 나폴레온 힐의 성공학은 그 이론을 실천한 사람들에게 어마어마한 부와 성공과 행복과 건강을 가져다주었다. 긍정적인 마음가짐을 지니기 위해서는 성공 마인드를 세팅하고 새롭게 출발해야 한다. 자기 전에 성공 마인드를 세팅하기 위해서 다음의 선언문을 1분간 소리 내어 읽자. 잠재의식이 아침에 저절로 일어나게 할 것이다.

1. 나는 지금 어디에 있느냐는 과거의 어디에 있었느냐의 결과이다. 그러나 앞으로 내가 가게 될 곳은 내가 어떤 사람이 되기를 선택하느냐에 달려 있다.
2. 나는 진정한 내가 되기 위해 완벽하지 않아도 된다. 내일 1분만 더 일찍 일어난다.
3. 비판에는 인정과 사랑, 친절로 대응하고, 불평은 감사로 바로 바꾸고, 두려움은 사랑으로 바꾼다.

만약 미라클 솔루션을 왜 해야 하는지에 대한 명확한 답이 생기면 잠재의식을 변화시킬 수 있다. 나폴레온 힐의 잠재의식을 변화시키는 시각화에 대해서 알아보자. 말보다 그림으로 생각하는 것이 어려울 때도 있다. 하지만 시각화 이미지를 잘 떠올리기만 해도 잠재의식은 쉽게 바뀐다. '아침마다 상쾌하게 일어나서 하는 일이 술술 풀리면 어떤 기분일까?'를 상상하며 적어보자. 구체적으로 적으면 더 좋다. 미라클 솔루션 습관을 실천해서 성공한다면 나는 어떤 모습이 되어 있을까? 이 간단한 훈련을 통해서 당신의 잠재의식은 바뀐다. 간단한 세 가지 방법, 잠들기 전에 1분간 소리 내어 선언문 읽기, 아침에 상쾌하게 일어나는 이미지 찾아서 아침, 점심, 저녁으로 세 번 보기를 매일 해보자. '왜 아침에 1분 더 일찍 일어나서 미라클 솔루션을 해야 하는가?' 자신의 내면으로 깊이 들어가보자. 성공, 건강, 부를 이루게 하는 미라클 솔루션 습관을 실천해야 하는 이유를 오늘 내로 꼭 적어보자. 당신의 잠재의식은 지금 성공하는 방향으로 바뀌고 있다.

4단계 1초 습관

✦

기상 시간 인증하고 호흡하기

아침에 1초 더 일찍 일어나서 미라클 솔루션 습관을 실천
하면 실패할 수 없는 인생을 살게 된다. 기존에 아무리 일찍
일어나려고 해도 안 되었던 이유는 시스템 때문이다. 습관
을 바꾸기가 어려운 것은 단순한 의지의 문제가 아니라 시
스템 때문이다. 일찍 일어나고 싶은데 안 일어나지는 습관
은 4단계의 시스템으로 바꾸면 된다. 아주 작은 습관, 즉 실
패할 수 없는 습관을 만드는 것이 핵심이다. 원자가 모여서

분자구조를 만들어낸다. 아주 작은 습관을 아침에 1초 일찍 일어나기에 적용하여 365일 동안 매일 반복한다는 시스템을 잠재의식에 입력한다.

1초를 생각하지 않고 자동으로 하기 위해서는 반복이 필요하다. 잠재의식을 행동으로 바꾸기 위해서는 의식을 불러내지 않아야 한다. 자동으로 인증해야 한다. 한국 미라클 모닝 카페가 있다. 그 카페에서는 회원들이 일어나자마자 기상 시간을 인증한다. 많은 사람들이 함께 일어나기 때문에 수월하다. 일어난 시간을 '데이마인'이라는 어플로 인증한다. 1초면 충분하다. 그리고 그 자리에서 바로 1초 호흡 명상을 한다. 명상으로 생각을 비우고 지금 여기 이 순간에 존재하는 의식이다. 1초간 아침 호흡이 습관화되면 건강은 따라온다. 습관이란 생각하지 않고 하는 행동이다. 이 의식을 '할까? 말까?' 생각하지 않는다. 시스템은 자동으로 운영된다. 만약 고민하고 선택하고 결단해야 한다면 그것은 '의식'을 거치게 되므로 힘들어진다. 사람들은 힘들다고 생각하면 쉽사리 포기한다. 1초 인증은 쉽다. 그저 일어나서 호흡 한 번 하고 1초 기상 시간을 인증하면 된다.

1초 감사하기

일상의 사소한 습관들이 결국은 커다란 변화를 만들어낸다. 좋지 않은 결심들이나 사소한 실수들, 작은 변명들이 매일 쌓이면 10년, 20년 후에는 어떻게 되어 있을까? 이 세상에서 가장 소중한 것들에 대해 감사한 점 한 가지만 1초간 떠올려보자. 2초 생각할 필요도 없다. 바로 '지금 이 순간 가장 감사한 것은?'이라는 질문을 했을 때 내면에서 무엇이 떠올랐는가. 그때 나온 대답에 감사합니다, 라고 카페에 적는다. 기록을 하게 되면 지속할 수 있다. 혼자 하게 되면 보는 사람들이 없으니 잘 안 하게 된다. 그러면 습관이 형성되지 않는다. 감사한 단어도 좋다. 매일 1초간 남긴다. 빨리 가려면 혼자 가고, 멀리 가려면 함께 가라, 라는 말을 떠올린다. 감사한 점이 1초 안에 떠오르지 않는다면 그저 '감사합니다'라는 말만 카페에 적는다. 『아주 작은 습관의 힘』을 쓴 제임스 클리어는 아주 작고 하찮아 보이는 습관이라도 1년 동안 꾸준히 하면 놀라운 결과가 나타난다고 말했다. 그는 촉망받는 야구 선수였지만 훈련 도중 사고를 당해 얼굴뼈가 30조각이 났다. 좌절할 수도 있었지만 그는 매일 1퍼센트 성장을 목표로 일상의 작은 일들을 성공시켜 전 세계에서 뛰어난 자기계발 전문가가 되었다. 1퍼센트 나아지거나 나빠지는 것은 그 순간에는 의미가 없어 보이지만 평생 이 순간들이 모이면 어떤 사람이 되어 있을까? 반대로 아침 감사를 1초씩 1년 동안 365번 한다면? 혹은 평생 동안 감사하면서 살면 삶에는 어떤 변화들이 일어날까. 아침에 일찍 일어나 성공한 사람들은 공통적으로 감사한 점들을 일기에 적는다. 대표적으로 오프라 윈프리의 '감사 메모'를 들 수 있겠다. 전 세계 1억 4천만 시청자를 웃고 울리는 토크쇼 여왕, 모든 미국인이 부러워하고 존경하는 여성, 부와 명예를 모두 거머쥔 그녀의 사소한 습관은 바로 '감사'다. 거창한 감사가 아니고 지극히 일상적이고 사소한 감사 습관을 가졌다. 즉 1초 '감사 의식'이다. 오프라 윈프리는 늘 감사 기록을 남긴다. 그것을 실천하는 데에는 특별한 장소도, 엄청난 시간이나 노력도 필요하지 않다. 1초의 놀라운 감사 시스템이 그녀를 지금의 성공에 앉혀놓았다.

상쾌한 아침 감사합니다.   ··· **1초**

새파란 하늘 감사합니다.   ··· **1초**

맛있는 아침밥 감사합니다.   ··· **1초**

기적으로 가는 초기 습관

좋은 음악 감사합니다.   … **1초**

좋은 책을 쓴 작가님 감사합니다.   … **1초**

    가난한 미혼모의 딸로 태어나 할머니 집에서 눈칫밥을 먹다가 사촌 오빠에게 아홉 살 때 성폭행을 당하고 열네 살에 미숙아를 낳았으며 태어난 아이는 2주 만에 죽었다. 이런 고통스러운 과거를 극복하고 지금의 성공으로 도약한 힘은 사소한 감사 습관에서 비롯되었다. 오프라 윈프리는 잠에서 깨자마자 이 의식을 실천한다. 1초 감사하기는 결코 가벼운 습관이 아니다. 이 습관은 놀라운 성공을 가져온다. 아침에 일어났을 때가 잠재의식에 가장 빨리 각인되는 시간이다. 아침형 인간이 되기 어려웠던 이유는 1초 감사하기를 지속하지 않았기 때문이다. 아주 작게 시스템화하여 습관으로 완전히 장착한다. 시스템을 자동화하기 위해서는 주변에 봐주는 사람이 있으면 수월하다. 오프라 윈프리는 험담을 피하고, 모두에게 진실하고, 절대 포기하지 말라고 했다. 어떤 일이 있거든 그래도 감사합니다, 라고 말하라고 하여 사소한 습관의 중요성을 강조했다. 아침에 일어나자마자 1초 감사하기를 포기하지 않은 것이 그녀의 성공 비밀이다. 성공으로 가는 길은 수없이 많다. 굳이 하나의 시나리오에 맞출 필요는 없다. 하지만 핵심 습관 하나를 자동 시스템으로 고정하면 뒤따르는 효과는 어마어마하다. 감사 1초 습관을 아침에 일어나자마자 외치는 것으로 고정하자. 목표를 설정하는 것은 인생 게임에서 이기기 위해서다. 매일 1초 감사를 하는 것은 너무 쉬워서 실패할 수 없다.

거울 속 나를 보기

일어나자마자 찬물로 세수하고 양치하고 거울 속 자신에게 너를 사랑해! 한 마디 하는 데 1초를 쓴다. 거울 속 자신의 눈을 마주하면서 건네는 "너를 사랑해!"라는 말 한 마디가 아침을 기다려지게 만들 것이다. 딱 1초만 해보자. 너를 사랑해! 거울 속의 나에게 말하라. 전 세계적인 심리 치유사이자 헤이하우스 출판사 창립자인 루이스 헤이는 1초 습관으로 5천만 부 이상의 베스트셀러를 냈다. 그 책은 지금도 전 세계인에게 사랑받고 있다. 자신이 죽고 나서도 기억하고 사랑해주는 사람이 있다면 아침 1초간 거울 속의 나에게 너를 사랑해! 라고 말하는 습관의 가치는 아주 클 것이다. 루이스 헤이도 이 간단한 습관을 평생 실천했다. 성공 습관인 미라클 솔루션 확언을 1초 거울 연습으로 해보자.

스쿼트, 딱 1초

미라클 솔루션 성공 습관 중에서 빠지면 안 되는 것이 건강에 가장 중요한 운동이다. 운동도 실패하지 않도록 쉽고 간단한 것으로 시작하자. 화장실에서 딱 1초만 앉았다가 일어나보자. 이 스쿼트를 지속하면 놀라운 변화가 생긴다. 엉덩이가 처지지 않고 몸이 탄탄하게 유지된다. 다른 운동 없이 1초의 스쿼트만으로도 습관이 쌓이며 어마어마한 변화가 생길 것이다. 『나는 습관을 조금 바꾸기로 했다』의 저자 사사키 후미오는 습관은 지속이다, 라고 말했다. 아침에 일어나는 습관을 아주 조금만 바꾸었다. 습관을 바꾸고 싶다면 너무 어렵거나 복잡한 시도는 피하는 것이 좋다. 실패할 수 없을 정도로 쉬운 도전으로 조금 변화시켜나가야 잠재의식이 움직인다. 실천해서 만족스럽고 무조건 성공하게 된다. 푸시업 100번은 어렵지만 1초 폼을 잡는 것으로 습관을 지속하면 반드시 성공하게 된다. 누구라도 푸시업 한 번은 어렵지 않게 할 수 있다. 1년 동안 하지 않던 운동을 365번 한다면 대단한 성공이 아니겠는가.

PART 4

습관을 일상으로 만드는 법

행동은 습관을 형성하고 습관은 성격을 결정한다.
성격은 우리의 운명을 굳힌다

—

트라이언 에드워즈

몸과 마음과 일에서
생산성을 높이는 법

◆

일어나서 1초간 한 번 점프한 것을 지속했다면 이제는 그 행동이 습관이 되었을 것이다. 습관은 지속하면서 새로운 변화를 주면 더 성장하게 되어 있다. 실행 조건을 아주 낮게 잡아서 스스로 온전히 조절할 수 있기 때문에 이제는 1초가 아니라 1분, 5분 동안도 지속할 수 있다. 완벽주의자가 되지 말아야 한다. 완벽주의의 문제점은 작은 목표를 매일 지속하는 것의 중요성을 간과한다는 것이다. 너무 높은 목표를 설정하고 완벽하게 해내지 못하면 아예 포기해버리기 때문에 습관을 형성하는 초기에 완벽주의는 금물이다. 하루에 한 번 1초 뛰는 것이 성공 습관이 되면 조금 더 나아가서 5분 달리기를 해보자. 5분간 지속하는 데 성공했다면 스스로를 칭찬하고 즉각적으로 보상을 해주자. 달리기를 통해서 우리는 일상의 시련들을 이겨낼 수 있다. 달리기의 본질은 견디는 것, 참는 것이기 때문이다. 달리기를 꾸준히 하면 혈액순환과 폐활량이 향상되어 몸이 건강해진다. 몸과 마음, 정신력이 한층 단단해지고, 그 성취를 바탕으로 활력 있고 풍요로운 삶을 살게 된다. 많은 사람들이 상처를 안고 살아간다. 겉으로 보기에는 웃고 있어도 내면에는 아직 치유되지 않은 상처를 안고 있는 이들이 많다. 이 상처를 달리기가 치유해준다. 바쁜 현대인들이 시간을 내기 힘든 것은 어찌 보면 당연하다. 늘 수면 부족과 피로에 시달려서 마음의 여유도 없을 것이다. 하지만 장기적으로 보았을 때 건강을 위해 1분, 5분 정도라도 꾸준히 달려서 몸의 근육을 키워두지 않으면 중력의 지배를 받는 몸의 근육들과 세포들은 자꾸 퇴화된다. 시간이 없다는 것은 하고 싶지 않다는 뜻이다. 언제나 시간을 잘 다루는 사람은 시간이 없다는 핑계를 대지 않는다. 큰 꿈을 가진 사람들은 주어진 시간을 최대한 활용할 줄 안다. 그 자리에서 1분만 달리자. 밖에 나갈 수 없는 여건이라면 제자리에서 다리를 들어올려 1분간 60초 동안 제자리 뛰기라도 해보자. 일어나라. 그리고 뛰어보라. 어떤가? 심박수가 올라가지 않는가. 건강은 건강할 때 지켜야 한다. 달리기는 피곤에 찌든 몸과 마음을 어루만져준다. 달리기를 통해서 몸과 마음, 정신력이 한층 단단해진다. 그 성취의 결실을 통해 자연이 주는 풍요로움을 깨닫게 된다. 출발선에서 달려나가는 동작은 실패하더라도 좌절하거나 후회하지 않고 다시 출발선으로 돌아가 도전할 수 있도록 근성을 길러준다. 1분 달리기가 몸에 배고 나면 1분을 5분으로 늘려서 달려보자. 하지만 무의식이 저항할 정도로 무리하게 늘려서는 안 된다. 마라톤을 완주하기 위해서는 경기 전까지 뛰는 훈련을 지속해야 한다. 삶도 마찬가지다. 속도를 높이는 것은 달리는 데 익숙해졌을 때 해야 하는 것이다.

미라클 솔루션에서는 명상을 주요한 아침 의식으로 정해둔다. 인생에서 가장 중요한 사람은 바로 자신이다. 자기 자신을 믿고 어떤 일이든 해내기 위해선 내면이 고요해야 한다. 마음속 자신이 무슨 이야기를 하는지 들어야 한다. 인생에서 나는 누구인가? 내가 진정으로 바라는 것은 무엇인가? 내 삶의 목적은 무엇인가? 라는 질문을 해본 적이 있을 것이다. 달리기는 명상과 같다. 달리다 보면 위 질문에 대한 답을 저절로 얻게 된다. 명상이란 마음을 가다듬고 무언가에 집중하는 행위다. 달리기는 외부의 세상을 차단하고 오직 자신과 독대할 수 있는 행위이다. 그래서 달리면 생각 정리가 잘된다. 달리기 명상은 심신을 건강한 상태로 끌어올린다. 달리기를 일주일에 세 번 이상 하면 마음을 정돈할 수 있다. 『타이탄의 도구들』의 저자 팀 페리스는 세스 고딘, 말컴 글래드웰 등 자신의 분야에서 최정상에 오른 명사 200명을 만나 그들의 습관과 성공에 대한 조언을 듣고 3년에 걸쳐 삶에 적용했다. 최정상에 오른 사람들의 공통점은 명상과 운동이었다. 대부분의 CEO들이 아침마다 달리기를 했다. 왜 세계적인 구루들과 예술가들, 일류 기업의 CEO들은 달리기 명상을 실천하는가. 명상과 동일한 효과를 내는 달리기를 통해 중압감이나 스트레스가 극심한 상황에서도 평정심을 유지할 수 있기 때문이다.

달리기 명상을 하면 피로가 사라지고, 감정에 휘둘리지

않는다. 밤에는 푹 자고 아침에는 상쾌하게 눈이 떠지는 날이 많아진다. 살이 빠지고 적정한 몸무게를 유지하게 된다. 시간에 쫓겨 초조해하는 일이 사라진다. 꿈이 이루어져 목적이 있는 삶을 살게 된다. 달리기와 명상을 통해 우리는 체력과 정신력을 한꺼번에 얻을 수 있다. 현대 심리학과 다양한 연구들은 인간의 체력과 정신력이 동일한 에너지를 사용함을 알려준다. 운동선수들은 체력과 정신력으로 경기에 임한다. 체력과 정신력이 똑같이 분배가 되어야 경기에 승리할 수 있다. 미라클 솔루션에서 고안한 달리기 명상은 체력과 정신력을 같이 향상시킨다. 달리면서 다음과 같은 질문을 하는 명상을 할 수 있다.

"내가 할 수 있는 일 중에 주변 사람들을 행복하게 하는 것은 무엇이지?"
"내가 뭘 할 때 가장 행복하고 스스로를 자랑스러워하지?"
"내 꿈은?"
"나의 어떤 점들로 인해 주변 사람들이 행복해하지?"
"나의 칭찬할 점은?"

"사람들은 나의 어떤 점에 고마움을 느끼고 기운을 얻지?"

달리면서 내면의 질문에 답하다 보면 반짝이는 아이디어와 함께 행복감도 얻을 수 있다. 그래서 많은 사람들이 달리기를 하는 것이다. 달리기를 할 때 정신을 한데 모으고 강력하게 바라는 꿈을 10글자로 떠올리고 이를 외우면서 달려보자. 처음에 1초간 떠올렸던 것들을 이제는 1분으로 늘리고 더 익숙해진 뒤에는 10분, 30분, 한 시간으로 늘려도 좋다. 달리기를 오래하면 정신력과 체력, 지구력, 끈기, 인내, 건강 등 몸과 마음 전반이 다 좋아진다. 심화편에서는 일주일에 세 번 달려도 좋고, 매일 달려도 좋다. 달리기 명상을 일주일에 사흘 정도로 시작해 차츰 늘려가면서 꿈을 이루기 위한 정신력과 체력을 길러보자. 운동의 중요성은 아무리 강조해도 부족하다. 매일 달리기 도전을 하는 것은 생산성뿐만 아니라 학생들의 성적 또한 향상시킨다. 꾸준한 달리기가 몸과 마음을 건강하게 한다는 것은 이미 잘 알려진 사실이다. 이렇게 달리기가 두뇌에도 큰 영향을 미친다면 어떻게 안 할 수 있겠는가? 어찌 보면 모든 노화의 문제는 몸을 움직이지 않는 데서 오는 듯하다. 미라클 솔루션을 하면서 매일 달려보니 신체와 정신 모든 부분에서 점점 더 젊어지는 것을 느낀다. 여기에는 과학적인 근거가 있다.

달리기를 꾸준히 하면 심폐기능이 향상되고 골격근이 발달되며 혈액순환이 좋아진다. 2000년 10월 듀크대학의 과학자들이《뉴욕 타임스》에 발표한 연구 결과에 의하면 달리기 운동이 항우울제인 졸로프트보다 더 효과적이었다. 달리면 우울감을 낮추고 행복감을 느끼게 하는 세로토닌이 분비된다. 지금부터 이 글을 읽는 모든 사람들은 아침에 일어나서 1분이라도 매일 달리기를 하게 될 것이다. 매일 1분도 내지 못한다면 삶을 살지 않는 것과 다름없다. 건강하게 오래 사는 데 있어 운동은 선택이 아니라 필수다. 미국 하버드대 정신과의 존 레이티 교수는 운동의 진정한 목적은 뇌의 구조를 개선하는 것이라고 했다. 운동이 생물학적 변화를 촉발한다. 뇌세포들이 서로 연결되어 새로운 두뇌 회로가 생긴다고 말했다. 레이티 교수의 분석 결과 중 눈에 띄게 향상된 학업 능력의 사례가 있다. 미국 일리노이주 네이퍼빌 센트럴고등학교는 0교시에 1.6킬로미터 달리기 수업을 배치했다. 뒤이어 1교시와 2교시에는 가장 어렵고 머리를 써야 하는 과목을 배치했다. 이렇게 한 학기 동안 0교시 달리기 수업을 받은 학생은 학기말에 읽기와 문장 이해력이 17퍼센트나 증가했다. 0교시 수업을 받지 않은 대조군의 학생들보다 학업 성적이 두 배 뛰어났다. 또한 수학, 과학 성적이 전국 하위권이었던 이 고등학교가 전 세계 과학 평가 1위, 수학에서도 6위를 차지했다.

달리기 운동은 유산소 운동이다. 이 운동은 심박수를 증가시켜 뇌세포 성장에 필요한 신경세포성장인자 'BGF^Brain Growth Factor'의 혈중 수치를 증가시킨다. BGF 단백질은 심박수가 높아진 상태의 심장과 근육에서 분비된다. 분비된 BGF는 뉴런의 기능을 강화시키고 뇌세포의 성장을 촉진시키며, 세포가 소멸하는 것을 방지한다. 한마디로 나이가 들어가면서 생기는 노화를 방지하거나 더디게 하는 것이다.

미라클 솔루션 달리기는 집중력과 의욕도 고취시킨다. 밖으로 나가서 1분만 매일 달려보자. 매일 달려서 습관을 완전히 회로로 장착시킨다. 딱 1분만 하는 것이다. 이것을 오랫동안 지속하다 보면 1분에서 10분, 30분, 한 시간으로 늘려도 몸에 무리가 가지 않는다. 달린 후 정신적인 작업을 해 주는 것이 도움이 된다. 무라카미 하루키도 매일 10킬로미터를 달린 후에 글을 썼다. 미라클 솔루션 달리기는 육체적 운동과 정신적 수양을 겸한 활동이므로 모든 분야에서 생산성이 높아진다. 오늘부터 매일 달려보자.

후회를 남기지 않는
목록을 만들기

버킷 리스트란 죽기 전에 꼭 한 번쯤은 해보고 싶은 것들을 정리한 목록을 말한다. 간단히 말해 소망 목록이다. 중세 시대에는 죄인을 교수형에 처할 때 올가미를 목에 두른 다음, 뒤집어놓은 양동이^{bucket}를 걷어차서 형을 집행했다. 그때 죽음을 앞둔 사람들은 간절한 소망을 떠올린다고 해서 버킷 리스트라 불리게 된 것이다. 간절한 소망. 즉, 오늘이 내 삶의 마지막 날이라면 무엇을 할지 떠올려보고, 당장 이루기 위해 목록을 만든다. 이 단어가 유행하기 시작한 것은 영화

〈버킷 리스트〉 때문이다. 2007년 개봉한 이 영화에서 잭 니콜슨과 모건 프리먼은 남은 생 동안 이루고 싶은 것들의 목록을 만들고 종이에 적는다. 그리고 병실을 뛰쳐나와 이를 하나씩 완성해간다. 이 감동적인 영화는 우리가 인생에서 가장 후회하는 것은 한 일들이 아니라, 하지 않은 일들이라는 메시지를 던진다. 죽기 직전에 후회하지 않기 위해서는 지금 당장 일어나서 과감히 도전하자. 『드림리스트』의 저자이자 세계적 연사인 짐 론도 비슷한 말을 했다. 당신의 삶입니다. 과감하게 원하십시오. 필자는 이런 종류의 영화를 보고, 책을 읽으면서 목표를 적는 것의 중요성을 알았다. 『종이 위의 기적, 쓰면 이루어진다』라는 책을 통해서 종이에 적은 목표들을 많이 이루었다. 그러나 좀 더 큰 목표들, 불가능하다고 생각하고 미뤘던 것을 노트에 생각나는 대로 적었다. 2016년 4월 6일부터 지금까지 계속 업데이트한 버킷 리스트는 무려 438개에 달한다. 그중에서 나에게는 이런 버킷 리스트가 있었다. 서른한 번째 버킷 리스트, 2017년 5월까지 꼭 달성하고 싶다는 목록을 적었다. 건강한 근육질의 몸매로 비키니 화보 찍기. 그 버킷 리스트는 2018년 7월 23일에 이루었다. 내가 바라는 멋진 몸매의 사진을 매일 보면서 근육 운동을 하고 식단을 조절해 보디 프로필을 찍었다. 버킷 리스트를 이루면서 뿌듯함과 큰 성취감과 자신감을 얻었다.

이후로도 꾸준하게 운동하고 몸을 단련하여 지금까지도 적절한 몸무게와 건강한 생활, 체력을 유지하고 있다. 만약 오늘이 여러분의 마지막 날이라면 잠으로 하루를 보낼 것인가? 아니면 자신이 간절히 바라던 것을 위해 뭐든지 행동해볼 것인가. 오늘이 마지막인 것처럼 살라는 성서의 말씀대로 한번 살아보자. 항상 기뻐하고 매사에 감사하고 쉬지 않고 기도하는 삶은 아침에 일찍 일어나야만 가능하다. 아침에 일어나서 감사 메모를 쓰고 확언하고 명상으로 자신이 진정으로 바라는 버킷 리스트들을 떠올리고 목표를 종이에 옮겨 적고 운동하라. 그렇지 않으면 삶의 끝에서 미련과 후회를 남기게 될 것이다. 오랫동안 말기 환자를 간병했던 호주의 간호사 브로니 웨어는 죽음을 앞둔 사람들이 공통적으로 후회하는 다섯 가지를 기록했다.

1. 남들이 나에게 기대하는 인생이 아닌, 나 자신에게

솔직한 인생을 살지 못한 점.

2. 너무 열심히 일만 한 점. 가족과 시간을 보내지 못한 점.

3. 자신의 기분을 그대로 표현할 용기를 내지 못한 점.

4. 친구들과 함께하는 시간을 많이 내지 못한 점.

5. 자기 자신을 좀 더 행복하게 만들지 못한 점.

미국의 초월주의 시인이자 사상가 랠프 월도 에머슨은 『자기신뢰』라는 책에서 자신을 믿으라고 말한다. 자신을 신뢰하면 주변 모든 사람의 마음이 거기에 맞춰 울릴 것이라며 자신이 원하는 것들의 목록을 작성하는 일이 얼마나 중요한지를 책에서 계속 강조한다. 자기 자신을 믿으면 일과 인간관계, 종교, 교육, 연구, 생활, 교제, 재산, 관념에서 혁명이 일어날 것이다. 버킷 리스트를 작성하는 동안은 고요히 내면을 들여다볼 수 있어야 한다. 우리의 마음은 시끄러운 환경에서는 타인의 요구에 흔들리기 쉽다. 그러므로 고요하게 자신의 소리를 듣고 명상할 수 있는 시간이 필요하다. 죽음의 순간에 후회하지 않기 위해서 지금 나는 어떤 목록을 작성해야 하는가. 앞에서 말했듯 나는 보디 프로필을 찍

어봤다. 많은 분들이 이 도전을 해보면 좋겠다. 사진으로 내 몸이 얼마나 아름다운지 확인하고 나면 황홀해진다. 여러분의 버킷 리스트는 무엇인가. 무엇이건 버킷 리스트를 이루기 위해 명상하고, 시각화하고, 목표를 종이에 쓰고, 운동으로 체력을 길러 반드시 이루기를 바란다.

나만의 시간을
확보하는 법

✦

미라클 솔루션 습관이 익숙해지면 꿈이 생기기 시작하고 삶에서 이루고자 하는 목표가 많아진다. 아침 시간을 더 알차게 쓰고 싶어진다. 세상이 다 자고 있는 시간에 홀로 일어나 조용히 자신과 대화하는 시간은 이제는 양보할 수 없는 삶의 우선순위가 될 것이다. 심화편에 올 정도가 되면 일찍 일어나지 않는 것이 오히려 고통이다. 완전히 습관으로 자리 잡았다는 뜻이다. 사람들은 꿈을 이룰 시간이 없다고 말한다. 그런데 정말 시간이 없는 것일까? 일론 머스크와 빌 게이츠, 오프라 윈프리와 우리는 똑같은 24시간을 부여받는다. 매일 공평하게 24시간이 주어지는데 왜 어떤 사람은 더 생산적인 일을 하고 꿈을 이루어 성공할까? 왜 대부분의 사람들은 꿈을 이루지 못하고 사는 걸까? 답은 시간 사용에 있다. 내가 쓰고 있는 시간을 알지 못하면 시간을 관리할 방법이 없다고 피터 드러커는 말했다. 그는 『성과를 향한 도전』이라는 책에서 성과를 올리는 사람은 일에서 출발하지 않고 시간에서 출발한다고 했다. 계획에서도 출발하지 않는다. 오직 시간이 얼마나 걸리는지 명확히 파악하는 것에서 출발한다고 하며, 생산적 시간의 중요성을 강조했다. 하버드 수재 1600명을 16년 동안 연구한 하버드대 교수이자 베스트셀러 작가 리처드 라이트는 다음과 같은 연구 결과를 얻었다. 하버드에서 모두 다 공부를 다 잘한 것은 아니지만 1600명의 공부벌레들은 다음과 같은 공통점을 갖고 있었다.

1. 시간관리를 철저히 한다.

2. 교수와 친하다.

3. 다양한 강의를 골고루 듣는다.

4. 과제물과 시험이 많은 강의를 듣는다.

5. 스터디 그룹을 만들어 공부한다.

6. 글쓰기에 주력한다.

7. 외국어를 공부한다.

8. 공부와 무관한 과외활동을 한다.

9. 문제가 생기면 말한다.

성공한 기업가인 김승호 회장은 『생각의 비밀』이라는 책에서 하루에 6시를 두 번 만나는 사람이 세상을 지배한다고 말했다. 그의 강연에서 항상 강조하는 것 또한 아침 일찍 일어나라는 것이다. 해가 떠오를 때 일어나지 않는 사람은 해 아래 지배에 들어갈 때 장엄한 기운을 받지 못해 성공할 수 없다고 한다. 부와 지혜와 건강을 얻고자 한다면 일단 일찍 일어나는 습관을 가지라고 이 성공한 자산가는 말한다. 일찍 일어나지 않고 쌓아 올린 부와 건강과 재물은 언젠가 바람처럼 사라질 거라고 말한다. 수많은 사람들을 만나서 그들의 특성을 연구하고 자신의 직원들을 보면서 그들의 습관을 연구한 CEO가 강조하는 것은 아침 일찍 일어나기다. 약속 시간에 1분이라도 늦는 사람과는 절대로 사업을 하지 않고 그런 직원은 뽑지 않는다고 한다. 인생에서 시간으로 인해 놓치는 기회가 얼마나 많은가. 아침 일찍 일어나면 그럴 염려가 전혀 없다. 3P바인더 경영 연구소의 강규형 대표도 약속 시간에 1분이라도 늦는 사람과는 절대 거래를 하지 않는다고 말한다. 그 정도로 시간을 소중히 한다. 30년 동안 새벽 경영을 한 사람의 성공 비결을 배우려고 많은 사람들이 그에게 시간관리 컨설팅을 받는다. 답은 하나, 시간 가계부를 쓰는 것이다. 잠에서 깨어 무엇을 했는지 기록하지 않으면 건강과 성공과 꿈은 멀리 달아난다. 해가 뜰 때 운동하고 독서하고 미라클 솔루션을 하는 인물들이 세상을 지배했고 앞으로도 그럴 것이라고 성공한 사람들은 입을 모아 이야기한다. 아침 시간을 지배하지 않고서는 시간을 관리할 수 없다. 글로벌 채권 펀드 운용사 핌코의 창업자 빌 그로스는 아침 4시 30분에 기상한다. 인드로 누이, 펩시코 CEO는 4시에 일어난다. 빌 게이츠는 3시에 일어난다. 제너럴 모터스 회장 대니얼 애커슨은 4시 30분에 일어난다. 잭 도시 트위터 CEO는 5시 30분에 일어난다. 토리 버치 CEO와 버진 그룹 회장 리처드 브랜슨은 5시 45분에 일어나 미라클 솔루션을 한다. 아침 3시와 4시 시간대에는 무슨 일이 벌어지는가. 스타 강사 김미경은 아침 3시와 4시는 영이 가장 발달하여 이때 기도하는 것은 이루어지므로, 종교 지도자나 기업의 CEO들은 아침에 명상과 기도를 한다고 말했다. 필자도 2200일간 아침 3시에 일어나는 것을 실험해보았고, 그결과 마음에 떠올린 모든 이미지가 다 이루어지는 것을 경험하고 있다. 건강과 부와 풍요와 행복은 말할 것도 없다.

인간의 맥박이 가장 빨리 뛰는 시간은 아침 5시경이다. 이 시간대에는 기온, 습도, 공기, 이온의 상태가 나쁘기 때문에 잠을 자는 것이 피로를 해소시키기는커녕 더 가중시킨다. 그러므로 일찍 일어나면 잠깐은 힘이 들지 모르나 습관이 되면 더 정신이 맑고 명료하고 몸의 컨디션도 좋아진다. 만약 건강하게 성공하고 싶다면 5시 이전에는 일어나는 것이 좋다. 인간의 몸이 피로를 푸는 약알칼리성 상태인 아침 5시 이전에 일어나는 것은 몸을 건강하게 만드는 비결이다. 이른 아침 3시와 4시에 일어나는 미라클 솔루션 심화편은 아침에 일찍 일어나는 것의 이득을 체험한 사람들이라면 누구나 실천할 수 있다.

좋은 사람을
만나는 이유

아침 일찍 일어나 미라클 솔루션 습관을 지속하는 방법 중 하나는 깊고 좋은 인간관계를 맺는 것이다. 인간은 사회적 동물로서 공동체를 형성하고 있다. 진화심리학자들은 인간이 생존을 위해 다른 이들을 필요로 한다고 말한다. 긍정심리학자들도 행복은 인간관계 또는 人間의 '사이 간(間)' 한 자 사이에서 온다는 점을 강조한다. 미라클 솔루션은 혼자서는 지속할 수 없다. 반드시 같은 목표를 지닌 무리에서 행해야 변화를 얻을 수 있다. 인간의 의지는 작심삼일로 끝나기 십상이다. 의지는 사흘이면 소진되고 단호한 결단 없이는 지속될 수 없는 생리학적 구조를 지니고 있기 때문이다. 이를 뛰어넘는 결단을 내리도록 도와주는 것이 바로 깊은 인간관계다. 온라인이나 오프라인을 통해 인맥을 형성하여 깊은 생각을 나누고 도움을 받을 수 있다면 미라클 솔루션을 보다 쉽게 지속할 수 있다. 미라클 솔루션 공동체에서 깊은 인간관계를 맺자. 강력하게 추천하는 미라클 솔루션 공동체는 단연코 '한국 미라클 모닝'이다. 이 카페에는 6년 전 미라클 모닝이 등장했을 때부터 미라클 솔루션 '기적MIRACLES 공식'을 하루도 빠지지 않고 실천해온 리더들이 있다. 그들은 당신을 무조건적으로 격려하고 도와줄 것이다. 사람들이 바라는 것은 무조건적인 이해와 수용이다. 공동체가 한 인간을 무한한 사랑으로 바라보고 무조건적으로 지지해주고 공감해주고 격려해주고 때로는 강하게 충고해준다면 기적은 반드시 일어난다. 성공의 85퍼센트는 인간관계에서 나온다. 사람들이 모든 행운을 가져오고 좋은 가르침과 교훈을 준다. 단순히 사람들과 형식적인 관계를 맺는 것에 그치지 않고, 소통하고 공감하고 협력하라. 사람들은 타인의 모습을 통해 배운다. 만약 상대방이 당신을 있는 그대로 받아들여준다면 당신 또한 그렇게 될 가능성이 높다. 사회운동가인 엘리너 루스벨트는 당신의 동의 없이는 그 누구도 당신을 열등하다고 느끼게 할 수 없다고 했다. 자존감이 낮거나, 우울증, 무기력증에 빠져 있는 사람은 자기 자신과의 관계가 좋지 않다. 이런 사람들은 인간관계에서 어려움을 겪는다. 스스로에게 부정적인 말을 많이 한다. 이런 사람들은 반드시 사람들의 무조건적인 수용과 이해를 받는 경험을 해야 낮은 자존감을 회복할 수 있다. 깊은 인간관계란 미라클 솔루션을 지속하는 데 있어서 필수다. 혼자서 하는 사람들은 많지 않다. 서로 격려하고 깊은 인간관계를 맺으면서 나아가야 오래 지속할 수 있다.

미국 펜실베이니아주 피츠버그의 카네기공과대학은 직장과 가정, 사회에서 실패한 사람들 1만 명을 조사했다. 그들 중 무려 85퍼센트가 인간관계 때문에 실패한 것으로 드러났다. 전문 지식이나 기술이 부족해서 실패한 경우는 15퍼센트에 불과했다. 주요한 실패 요인은 자기중심적, 비판적, 부정적 태도였다. 개인심리학의 창시자 아들러는 다른 사람에게 관심을 갖지 않는 인간은 고난 속에서 인생을 살

아갈 수밖에 없다고 했다. 사람과 사람 사이에 깊은 교류가
있지 않으면 홀로 남게 된다. 고립된 상태가 지속되면 사람
은 부정적인 생각을 더 많이 하게 된다. 깊은 인간관계를 지
속하려면 인간관계에서 성공한 사람들의 습관을 적용해보
라. 성공적인 인간관계를 위한 다음의 여섯 가지 공식을 기
억하자.

1. 단점이 있다고 해서 숨기지 말고 인정하고 털어놓자.
2. 당당하게 자신의 장점을 사람들에게 알리자.
3. 다른 사람을 함부로 판단하지 말자.
4. 제3자에 대한 비난, 지나친 자기 자랑, 상대방의 말
   을 의심하는 태도는 삼가자.
5. 사람에 대한 고정관념이나 편견을 버리자.
6. 상대방에 대해 진지하게 관심을 가지고 격려한다.

사람들은 깊은 인간관계를 맺을 때 행복감을 느낀다. 아
침 일찍 일어나 자신을 바라보고 사람들로부터 긍정적인
피드백을 받으면 그날 하루를 잘 살 수 있는 내적 에너지를
얻게 된다. 한국 미라클 모닝 카페는 회원들이 자신의 모습

을 있는 그대로 인정하고 매일 아침 솔직한 감정을 기록하고 공유하도록 격려한다. 잘한 일이 있으면 크게 칭찬해주고 타인에 대해서 절대 함부로 판단하지 않는다. 온라인 공간에서 다양한 사람들과 매일 소통하고 그들의 생각을 읽을 수 있으니 세상에 존재하는 다양한 사람들을 이해하고 포용할 수 있는 넓은 마음이 생긴다. 진지하게 격려해주는 멘토들로부터 긍정의 에너지도 얻을 수 있다. 미라클 솔루션이 심화편으로 오면 자신의 깊은 이야기를 들어줄 사람들이 생겨서 마음이 아주 가벼워진다. 동질감과 자신감을 얻어 어떤 도전이라도 할 수 있다. 깊은 인간관계를 맺고 싶다면 관련된 카페에 가입해서 많은 이들과 함께 기적 습관을 실천할 것을 강력히 추천한다.

성장하기 위한
커뮤니티

✦

페이스북 CEO인 마크 저커버그, 베스트셀러 『다빈치 코드』의 저자인 댄 브라운, 퓰리처상 수상자 아서 슐레진저, 노벨 화학상 수상자 윌리엄 스타인, 수학계의 노벨상으로 불리는 필즈상 수상자 데이비드 멈퍼드는 모두 하버드대 졸업생이다. 미라클 솔루션은 전 세계적인 인재들이 공통적으로 실천하는 습관이다. 이들은 모두 아침 일찍 일어난다. 마크 저커버그와 댄 브라운은 매일 아침 4시, 집중을 방해하는 것이 없고, 자신이 가장 생산적이라고 생각하는 그 시간

에 기상한다. 그들은 또한 기숙학교 '필립스 엑시터' 출신
이다. 졸업생 30퍼센트가 아이비리그에 진학하는 이 학교
의 비밀은 토론 문화 '하크네스^{Harkness}'에 있다. 일찍 일어나
고 토론을 즐긴다. 세계적인 리더들은 조찬 모임을 자주 한
다. 조찬 모임은 단순히 밥을 먹고 친분을 쌓는 모임이 아니
다. 아침 시간이 가장 생산적이고 영감이 잘 떠오르고 명료
한 의식으로 좋은 결정을 내릴 수 있는 시간대이기 때문이
다. 리더들은 혼자서는 모든 문제를 해결할 수 없음을 잘 알
고 있다. 그래서 그들은 토론을 통해 사고를 확장시키고, 동
료와 의견을 나누며 문제 해결 방법을 배운다. 퓰리처상 수
상자인 아서 슐레진저는 하버드에서의 수업들이 너무도 쉬
웠다고 말했다. 필립스 엑시터 학교에서 사고력 훈련을 수
없이 했기 때문이었다. 그는 누구든 연습하고 노력하면 똑
똑해질 수 있다고 말했다. 필립스 엑시터의 '하크네스'는 학
생 열두 명과 교사 한 명이 테이블에 둘러앉아 질문은 있지
만 정답은 없다는 원칙하에 진행하는 토론이다. 억지로 정
답을 주입하는 것이 아니라, 토론을 통해 생각하는 힘을 길
러주고, 친구들과 의견을 나누고 함께 고민하며 해결 방법
을 찾도록 돕는다. 하크네스에서 교사들은 학생들이 친구

들의 의견을 존중하고 배려하도록 격려한다. 지식을 나누고 남을 배려할 줄 아는 인재만이 더 나은 세상을 만드는 진짜 엘리트가 될 수 있기 때문이다. 한국 미라클 모닝 새벽 독서 모임은 이런 '하크네스 문화'를 도입하여 세상을 바꿀 인재들, 리더들을 배출하기 위해 노력하고 있다. 남들과 생각을 교류하지 않으면 안전지대 밖으로 나오지 못한다. 항상 새로운 것에 도전하고 천재들의 생각을 배우고 폭넓게 사고했을 때 비로소 세상을 바꿀 수 있는 인재가 될 것이다.

성공한 사람들 대부분은 어느 반열에 오르기까지 혹은 그이후에도 절대적인 시간과 육체적 노동을 투자한다. 그래서 더욱더 성공할 수밖에 없다. 그것을 해내려면 일이 놀이가 되어야 한다. 아침 자기계발 모임에 나가면 그런 사람들을 만나게 된다. 남들이 하지 않는 것, 남들이 할 수 없는 것에 도전하고, 남들이 버리는 시간에 남다르게 토론하고 생각하는 사람들은 반드시 성공한다. 성공하는 게 뭐가 그리 중요하냐고 반문하는 사람들도 있겠지만, 모든 인간의 마음속에는 성공을 향한 열망이 있다. 누구라도 내면의 소리에 귀 기울이다 보면 꿈을 이루고 싶다고 외치는 자신의 외침을 들게 될 것이다. 만약 더 나은 사람들과 교류하고 미라클 솔루션을 지속하고 싶다면 독서 모임이나 자기계발 모임에 참여하고 함께 실천할 사람들을 만나라.

내 삶을
펜으로 정리하기

✦

미라클 솔루션이 기본편을 마치고 심화편으로 넘어오면 여
유 시간이 늘어난다. 독서 이력도 적잖이 쌓여 있을 것이다.
독서를 통해 내면에 쌓아온 것을 꺼내어 쓰고 싶다면, 그때
가 바로 작가에 도전할 시점이다. 사람은 누구나 자신의 이
야기를 세상에 남기고 싶어 한다. 펜을 들고 뭐든지 써보라.
글을 쓰다 보면 자신의 상처를 객관적으로 바라보고 보듬
고 자아를 성장시킬 수 있다. 나아가 남들에게도 경험을 나
누고 소통하고 싶어진다. 생산적 글쓰기란 누군가에게 도움

이 되기 위하여 혼자만 보던 글을 공개하는 것이다. 글로 수많은 사람들의 삶에 영향을 끼치는 것이다. 나는 매일 암송하는 시간의 맹세 일곱 가지 덕분에 작가가 되었다. 미라클 솔루션을 하면서 어떻게 살아야 할지를 매일 고민하다 보니 다음과 같은 시간의 중요성 확언을 하고 그대로 실천했다. 인류에게 유산을 남기는 가장 중요한 생산적인 글쓰기인 책 쓰기를 하게 되었다. 수많은 작가들이 아침에 글을 쓴다. 시간이 소중하기 때문이다. 아침 한 시간은 낮의 세 시간과 맞먹는 정도의 생산성을 낸다. 다음의 확언을 매일 자기 전과 일어나서 암송하자.

1. 시간은 나에게 가장 소중한 자산이다. 따라서 잠자는 시간이 아니라면 1분, 1초를 아껴 더 나은 방향으로 스스로를 계발하는 데 진력하겠다.

2. 앞으로 나태한 생각으로 시간을 조금이라도 낭비하는 것을 죄악이라고 생각하겠다. 또한 낭비한 시간만큼 미래의 시간을 알뜰하게 사용해서 그 잘못을 보상하겠다.

3. 뿌린 대로 거둔다는 진리를 가슴에 새기고, 나 자신

만이 아니라 타인에게도 혜택을 줄 수 있는 씨앗을 뿌리겠다. 보상의 법칙의 결과를 겸허히 기다리겠다.

4. 앞으로 나는 시간을 알뜰하게 사용해서 매일 마음의 평화를 얻도록 하겠다. 마음의 평화를 얻지 못할 때에는 내가 뿌린 씨앗을 다시 살펴보라는 뜻으로 생각하겠다.

5. 내 삶에 영향을 미치는 모든 상황이 내가 생각하는 자세에 따라 달라질 수 있다는 것을 안다. 따라서 내가 원하는 상황에 정신을 집중함으로써 두려움, 실망, 내가 원하지 않는것에 내 정신이 들어설 시간을 허락하지 않겠다.

6. 이 땅에서 내게 할당된 시간이 끝나더라도 내 이름이 담긴 기념물을 이 세상에 남기겠다. 돌로 만든 기념물이 아니라 뭇 사람들의 가슴에 새겨진 기념물을 남기겠다. 내가 걸어온 길 때문에 이 세상이 조금이라도 더 나아졌단 사실을 증명해줄 기념물을 남기겠다.

7. 죽는 날까지 이 맹세를 매일 반복해서 암송하겠다. 이 맹세가 내 성격을 개선해줄 것이고, 내가 영향을

미칠 수 있는 사람들에게 용기를 주어 그들의 삶까지 개선해줄 것이라 믿기 때문이다.

랠프 월도 에머슨은 행복한 인생이란 우리 일상에서 소소한 것들을 놓치지 않는 것이라고 말했다. 다음과 같이 평범함에 감사하고 나로 인해서 주변이 조금이라도 바뀌었다면 그것이 바로 가장 큰 성공이다. 모두가 자신만의 이야기를 가지고 있다. 이 이야기를 사람들에게 알려서 세상에 자신의 이름으로 된 책을 남긴다면 행복함이 배가될 것이다.

날마다 많이 웃게나.

지혜로운 사람에게 존경받고
해맑은 아이들에게 사랑받는 것.

정직한 비평가들에게 인정받고
거짓된 친구들의 배반을 견뎌내는 것.

진정한 아름다움을 발견하고

다른 사람의 장점을 알아보는 것.

튼튼한 아이를 낳거나
한 뼘의 정원을 가꾸거나
사회 여건을 개선하거나
조금이라도 나은 세상을 만들어놓고 가는 것.

자네가 이곳에 살다 간 덕분에
단 한 사람의 삶이라도 더 풍요로워지는 것

이것이 바로 성공이라네.

　자신의 이야기를 솔직하고 진정성 있게 쓰자. 남들이 뭐라고 해도 자신이 하고 싶은 이야기를 쓰기 바란다. 이 세상에 남길 수 있는 책 한 권은 반드시 미라클 솔루션을 하면서 남기기 바란다. 책을 쓰는 방법을 모르겠다면 이미 책을 쓴 사람들을 찾아서 적극적으로 물어보면 된다. 미라클 솔루션 심화 단계에서는 꼭 작가가 되기 위한 독서와 글쓰기를 적극 실천하자.

내면의 소음 줄이기

우리는 생의 끝에서 삶의 본질을 마주하게 된다. 만약 1년을 살 수 있다면 당신은 무엇을 하고 싶은가? 만약 남은 시간이 한 달밖에 안 된다면 무엇을 하고 싶은가? 만약 오늘 하루만 살 수 있다면 무엇을 하지 않은 것을 후회하겠는가? 이 질문은 삶에서 중요하지 않은 것들을 머릿속에서 사라지게 만든다. 랜디 포시 교수는 죽기 전 남긴 책 『마지막 강의』에서 장벽이 거기에 서 있는 것은 가로막기 위해서가 아니다, 우리가 간절히 원하는 것을 보여주기 위해 거기에 서 있는 것이다, 라고 말했다. 타인의 말에 신경 쓰면서 걱정하고 고민하고 스트레스로 밤에 잠을 못 이룰 정도라면 매일이 본질적인 질문을 스스로에게 하길 바란다. 진짜 나에게 남은 삶이 얼마 되지 않더라도 이 무의미한 고민을 하고 있을 것인가? 랜디 포시 교수는 죽음이 다가오고 있음을 알았기 때문에 조카들이 자신의 새 차에 오렌지 주스를 엎질렀어도 웃을 수 있었다. 삶의 본질은 무엇인가? 잘 생각해보자. 모든 불필요한 감정들로 시간을 낭비하기엔 인생은 너무나도 짧다. 욜로YOLO, You Only Live Once, 이 말은 진리다. 왜냐하면 지금 이 순간에 살 수 있는 기회는 한 번밖에 없다. 어느 누구도 두 번 살 수 없다. 죽음 앞에서는 아무 의미도 없을 남의 말보다 당신의 소중한 꿈과 목표에 집중하라. 인생의 끝에서 많은 사람들이 쓸데없이 걱정하며 살지 말 걸 그랬다며 후회한다. 하루하루 걱정에 휩싸여 살고 있는가. 그럼 당장 자신에게 이렇게 질문하자. 오늘이 내 생애 마지막 날이라도 이런 걱정을 하면서 시간을 보낼 것인가? 목표가 있고, 꿈이 있었는데 이루지 못했다면 타인의 말에 신경을 끄고 어떤 어려움이 와도 자신의 시간을 꿈을 이루는 데 쓸 것이다. 그 꿈은 아침에 일어나 바닷가에 가서 해돋이를 보는 것일 수 있다. 실제로 호스피스 병동에 입원한 사람들 다수가 이런 꿈을 이야기한다고 한다. 산에 올라가거나, 하늘을 보거나, 해를 보거나, 사랑하는 사람과 대화하기. 단순하지만 소중한 삶의 본질을 이야기한다고 한다.

우리가 미라클 솔루션을 하는 것도 이렇게 삶의 본질만 남기기 위해서다. 아침에 일찍 일어나 태양을 보고, 남들이 자는 시간에 꿈을 이루기 위한 가슴 떨리는 작업들을 한다. 명상을 하면서 마음을 평화롭게 하고, 꿈을 시각화하여 행동하며 이루고, 글을 써서 후대에 남기고, 운동을 통해 죽을 때까지 건강하고 행복하게 산다. 확언을 매일 외치면서 복식호흡을 통한 말의 힘으로 이루어지는 기적들을 체험하고, 가족들과 아침에 웃으면서 인사하고 하루를 시작한다. 슈퍼스타 비는 연습 천재다. 잠은 죽을 때 몰아서 자면 된다며 자신의 좌우명을 실천했다. 끝없이 노력하고, 끝없이 인내하고, 끝없이 겸손하자. 이렇게 성공한 스타들은 선택과 집중의 중요성을 보여준다. 자신의 꿈을 위해서 가장 가치 있고 본질적인 것만 남기고 나머지 것들에는 신경을 끄는 자세는 정상에 선 사람들이 공통적으로 가진 습관이다. 비는

한 인터뷰 기사에서 남의 말에 신경을 끈다는 것이 어떤 것인지를 이야기했다. 모든 사람이 나를 좋아할 수 없다는 걸 알고 있다. 그래서 나는 더욱더 노력한다. 별은 뜨면 지게 되어 있다. 그래서 멋지게 지고 싶다. 새로운 스타가 나오면 대체될 수밖에 없다. 누구도 영원할 수 없다. 자기가 최고라고 생각하는 순간 내리막이 있을 뿐이다. 정말 자신이 원하는 하나를 잘 해내려면 다른 뭔가를 포기해야 한다. 다 가질 순 없다. 물질적인 욕심을 버리고 세상을 넓게 보자. 별은 하늘 위에서 빛나지만 언젠가는 진다는 것을 나는 안다. 연예인도 인기도 그 별과 같아서 높은 곳에서 반짝이지만 언젠가는 진다고 그는 말했다. 이토록 멋진 비유가 있을까. 깨달은 사람들은 비유를 잘 사용한다. 메타포metaphor는 삶의 본질을 정확히 말해준다. 텔레비전을 시청하고, 게임을 하고, 무의미하게 스마트폰을 들여다보면서 꿈에 집중할 수 있을까? 중독적인 행동들을 끊고 자신이 가장 가치 있다고 생각하는 꿈에만 집중해보라. 매슬로의 욕구 이론의 최상의 단계인 자아실현을 목표로 잡아라.

잘 때도 일어날 때도

✦

미라클 솔루션은 매순간을 행복하게 살 수 있는 유일한 방법이다. 자신에게 집중하고 아침에 일찍 일어나기 위해선 저녁에 늦게 잘 수 없다. 해가 지면 자고 해가 뜨면 일어나는 이 자연의 흐름 속에서 몸은 건강해질 수밖에 없다. 장수하는 사람들 중에 밤에 늦게 자고, 식사를 불규칙하게 하고, 몸을 움직이지 않으면서 건강하게 사는 이는 없다. 건강은 규칙적인 생활에서 나온다. 행복하게 나이 들고 병 없이 오랫동안 건강하게 살고 싶다면 습관을 통제하라. 특히 건강을 위한 수면 시간을 가급적 지키자. 세계보건기구가 권장하는 건강 4대 요소만 기억하고 실천하면 누구나 건강한 삶을 살 수 있다.

1. 균형 잡힌 영양

규칙적인 식사와 영양소의 고른 섭취는 신체 활력을 주고, 신체의 병을 예방해준다. 하루에 40가지 이상의 영양소(비타민 17종, 미네랄 7종, 필수아미노산 9종, 필수지방산[오메가3])를 섭취하도록 노력한다.

2. 규칙적인 운동과 수면 및 기상 시간

무산소 운동, 유산소 운동, 스트레칭 등 일상의 활동, 스포츠를 통해 적당히 몸을 움직여 체력을 강화시키고 규칙적인 수면 습관과 패턴을 유지한다.

3. 긍정적인 사고방식으로 스트레스 관리

상황을 긍정적으로 바라보는 태도는 긴장과 스트레스를 완화시키고 육체적, 심리적, 영적 안정감을 준다.

4. 충분한 휴식

휴식은 밤과 낮 사이의 모든 휴식을 포함하고 규칙적인 수면과 적절한 휴식은 음식의 섭취와 소화 배설에 영향을 미쳐 원활하게 신체가 잘 기능하게 된다.

한국 미라클 모닝 카페에는 무엇이든지 생각하는 대로 이루고, 행복하게 사는 사람들이 많다. 그들의 삶에서는 불면증, 걱정, 수면의 불균형 같은 단어를 찾아볼 수 없다. 이른 시간에 잠을 자는 것이 습관이 되어 있기 때문이다. 식사는 규칙적으로 6시 이전에 마친다. 건강은 잠이 올 때 자고, 일어나야 한다는 신호가 왔을 때 벌떡 일어나서 고요히 자신과 대화를 할 때 온다. 불규칙적인 생활 습관, 자야 할 시간에 깨어 있는 잘못된 수면 습관은 젊을 때에는 별문제 되지 않더라도, 나이가 들면서 반드시 좋지 않은 결과로 되돌아오게 되어 있다. 미라클 솔루션을 하는 것은 지금 이 순간 가족과 동료와 친구와 이웃들과 행복한 아침을 맞이하고, 남은 삶을 건강하게 살기 위해서다. 하루하루를 즐겁게 보내다가 생의 마지막 순간에 행복한 추억만 가져갈 수 있게 하기 위해서다. 아침마다 일정한 시간에 일어나고, 밤마

다 규칙적으로 잠자리에 드는 것은 건강 유지에 필수적이
다. 건강의 첫 번째 요소는 규칙적인 생활이다. 미라클 솔루
션 심화편에 들어오면 취침과 기상 시간을 일정하게 하자.

매 순간
인생 최고의 데이트

✦

미라클 솔루션 심화편에 들어오면 자신과의 조용한 30분이 세상에서 가장 소중하게 느껴진다. 자신의 내면에 있는 창조적 샘물과 내면 아이가 계속해서 고요한 시간을 만들어달라고 할 것이다. 이것을 줄리아 카메룬이 쓴 『아티스트 웨이』에서는 아티스트 데이트라고 부른다. 아티스트 데이트는 자신과 진정으로 만나는 시간을 말한다. 이 시간은 오랫동안 타인에 의해서 죽어 있던 창조성을 되살려주고 진정으로 자신이 원하는 것이 무엇인지 알아차리게 한다. 세상에서 가장 행복한 시간이다. 우리는 세상에서 가장 행복한 시간을 언제라고 정의할 것인가. 타인과 있을 때라고 말하고 싶은가? 대부분의 사람들은 혼자 고요히 있을 때 삶의 근본적인 질문들을 많이 한다. 이 시간은 자신을 알아가는 시간으로, 절대적인 고요 속에서 진정한 신성을 만날 수 있다. 이 시간에 조용히 기도하고 묵상하는 사람들도 있고, 명상하는 사람들도 있다. 우리는 이런 시간을 가져야 정신적으로 충만하고 건강한 삶을 살 수 있다. 소크라테스는 너 자신을 알라고 했다. 자신을 아는 시간은 조용히 혼자 있는 시간이다. 시간에 쫓기고 스트레스에 시달리는 사람일수록 의식적으로 30분을 확보하여 자신의 진짜 자아와 데이트하는 시간을 가져야 한다.

이 시간만큼은 주변에 누군가가 있어서는 안 된다. 자신의 내면 아이와 진짜 자아만 마주할 수 있어야 한다. 이런 시간을 많이 가지면 가질수록 사람들은 활력과 창조성을 회복하여 자신이 몰랐던 자기 안의 재능을 발견하게 된다. 예를 들어 어린 시절에 화가를 꿈꾸었던 사람들은 화방에 가거나 실제로 그림을 그리기 시작할 것이다. 글을 쓰는 것을 좋아해 매일 일기를 썼던 사람이라면 책을 내보고 싶은 욕구가 생길 것이다. 이러한 에너지는 조용하게 혼자 있는 시간에서 나온다. 창조성 데이트는 오로지 자기 자신과 하는 데이트이다. 그러므로 곁에 아무도 두지 않는 것이 원칙이다. 매주 30분을 확보하자. 아무도 방해하지 않는 아침 시간에 하는 산책도 좋다. 운동도 좋다. 혼자만의 시간이 내면의 어린아이와 창조성을 끌어내줄 것이다. 책『치유』의 저자 루이스 헤이도 자신과 적극 데이트한 결과 어린 시절에 부끄러워서 추지 못했던 춤을 추고, 그림을 그리며 자아를 치유했다. 이 시간은 창조적인 의식과 내면의 예술가들에게 영양을 공급해준다. 우리의 내면에는 저마다 예술가가 살고 있다. 그 예술가를 꺼내는 시간이 자신과 데이트하는 시간이다. 이 시간을 세상에서 가장 소중하게 여기자. 숲을 걷거나 해변에 가서 모래를 밟으면서 조용히 산책해보자. 산에 올라보자. 미술관을 방문하는 것도 좋다. 조용히 스터디 카페에 가서 글을 써보는 것도 좋겠다. 새벽 시장을 찾아가서 사람들의 활기를 느껴보는 것도 좋다. 어떤 것도 좋으니 일주일에 30분은 자신과 데이트를 해보길 바란다. 미라클 솔루션을 시작하게 된 것에 아주 감사하게 될 것이다.

PART 5

습관을 만들 때 기억할 것들

우리 세대의 가장 위대한 발견은
인간은 자신의 태도를 바꿈으로
자신의 삶을 바꿀 수 있다는 점이다
—

월리엄 제임스

꼭 이것만은

미라클 솔루션은 현재 일어나는 시간에서 몇 분이라도 일찍 일어나는 것이다. 자신이 하고자 하는 일을 단 몇 분만이라도 먼저 준비하는 것이다. 작은 시도에 의미를 부여하고 하루하루 열심히 실천하다 보면 어느새 인생 전체가 여유 있게 흘러가는 것을 깨닫게 될 것이다. 어지러운 SNS나 뉴스에 휘둘리지 않고 진정한 자신으로 살아가기 위함이다. 명상, 시각화, 독서, 확언, 배움, 운동, 글쓰기를 하자. 시간을 소중히 다루자. 조용한 시간대를 골라 꼭 혼자만의 시간을 확보하자. 그러기 위해서는 다음의 다섯 가지가 필요하다.

간절히 바라는 목표를 하나 정한다

목표가 없는 삶은 방향이 없는 배와 같다. 배가 가야 할 방향도 모르고 무작정 나갔다고 생각해보자. 바다 한가운데에서 길을 잃고 방황하다가 표류하기 십상이다. 인생도 마찬가지여서, 결국 자신이 어디에 와 있는지, 어디로 가야 할지 모른 채 위태롭게 살게 될 것이다. 목표는 삶을 살아가는 데 있어 선택이 아니라 필수다. 우리는 어디를 갈 때 내비게이션에서 목적지를 정하고 간다. 이렇게 정확히 목적지를 입력하면 제시간에 순조롭게 도착할 수 있다. 간절한 꿈을 하나 정하고 목적지를 마음속 내비게이션에 입력하자.

삶에 대한 진지한 질문을 자신에게 던진다

만약 변화 없이 현실에 안주해 산다면 앞으로 3년 후, 5년 후의 삶은 어떻게 될까? 자신에게 질문해보자. 이상적인 삶을 살기 위해서는 지금 무엇을 해야 할지 정하고 미라클 솔루션을 시작하자. 그러면 답을 얻게 될 것이다. 내가 원하는 행복한 삶이란 어떤 것인지 매일 스스로에게 질문하라. 나는 누구일까? 나는 무엇을 위해 사는가? 이렇게 물어보라.
금방 답을 얻지 못하더라도 질문을 멈추지 마라.

자신에게 즉각적인 보상을 주어라

잘한 일이 있다면 스스로에게 즉각적인 보상을 주어라. 어
떤 일을 잘 해내고, 미라클 솔루션을 성공적으로 완수했다
면 여행을 떠나거나 맛난 초콜릿을 먹거나 원하던 물건을
스스로에게 선물하는 등 행복감을 안겨줄 보상을 제공하라.
이러한 보상은 앞으로 더 잘할 수 있도록 동기를 부여해준
다. 자존감이 강한 사람들은 자신에게 칭찬과 보상을 아끼
지 않는다.

신념을 철저히 가져라

단 1초라도 매일 미라클 솔루션을 실천하는 것을 성공이라
고 정하자. 잠재의식에 매일 미라클 솔루션 의식을 실천하
는 사람으로 각인시키면 성공한 사람이 되어 있을 것이다.
잠재의식에 이렇게 심어놓지 않으면 작은 실패에도 학습된
무기력에 빠져 습관을 지속하기 어렵다. 미라클 솔루션 습
관은 자신을 발견하는 아주 좋은 도구다. 절대로 하루도 거

르지 않도록 하자. 매일 실천해야 평생 지속할 수 있다. 힘든 날은 유연하게 미라클 솔루션 루틴을 단순화하고, 정신이 명료한 날에는 좀 더 오랜 시간 다양하게 실천해보자.

자기 전에도 미라클 솔루션을 한다

잠자리에 들기 전 미라클 솔루션 습관을 실천하고 자면 아침에 일어나기가 쉬워진다. 명상도 하고 하루를 반성하며 일기를 쓰고, 확언과 시각화를 하고 한 장이라도 독서를 해보자. 주변을 깨끗이 정리하고 자면 일어날 때 개운하다. 특히 자신만의 미라클 솔루션 확언을 만들어서 잠자리에 들기 전 반복적으로 읊으며 잠재의식에 각인시키자.

당신은 혼자가 아니다

✦

습관 세우기는 혼자 하면 작심삼일이 되기 쉽다. 작심삼일
에는 과학적인 근거가 있다. 결심을 할 때 대뇌와 소뇌에서
분비되는 호르몬은 사흘이면 생명을 다한다. 호르몬의 유효
기간이 고작 사흘인 것이다. 이때부터는 간절함과 의지, 의
식적인 노력이 필요하다. 많은 사람들이 새해에 공부, 다이
어트, 금연 계획을 세우지만 그 결심을 실천해서 목표를 달
성하는 사람은 많지 않다. 매년 1월이면 헬스클럽이 운동을
시작하는 사람들로 붐비지만 불과 몇 주 지나기도 전에 사

람 수가 급격히 줄어들기 시작한다. 이러한 현상도 습관을 오롯이 혼자 형성하기가 힘들다는 것을 보여준다. 전문가들은 사흘 이상이 지나면 호르몬 대신 스트레스가 증가하여 계획을 포기하게 된다고 말한다. 옆에서 잡아주는 이 없이 습관을 지속하려면 거의 수행자가 되어야 한다는 소리다. 전문가들은 호르몬의 특성을 역이용해서 습관을 지속하라고 말한다. 누군가가 지켜보고 감시하게끔 하라는 것이다. 미라클 솔루션 명상, 독서, 시각화, 독서, 확언, 청소, 운동, 글쓰기를 동일한 목표를 가진 사람들과 함께 하면 집단의 에너지가 결심을 지속할 수 있게 이끌어준다.

아주대 행동심리학 이민규 교수는 눈을 그려놓은 그림만 책상 앞에 두어도 누군가가 지켜본다는 감정을 자극해 공부를 하게 된다고 한다. 만약 미라클 솔루션을 실천하는 카페에서 여러 사람들과 함께한다면 결심은 쉽게 지속할 수 있을 것이다. 실제로 수많은 회원들이 금주, 금연, 운동, 일찍 자고 일찍 일어나기, 건강하게 식사하기를 실천하며 건강하고 즐거운 삶을 유지하고 있다. 서로 나누고 도와줄 수 있는 공동체가 필요하다. 헬스클럽에서 혼자 운동하는 사람은 의지가 대단한 사람이다. 대부분은 혼자 지속하기 어려워 트레이너에게 개인 레슨을 받는다. 아침 일찍 일어나서 조용히 자신을 바라보는 것이 힘들 때에는 많은 사람들이 모여 있는 카페에 가입해서 그들과 함께 해보자. 그러면 작심삼일을 걱정할 필요가 없다. 깨어 있는 회원들의 에너지에 저도 모르게 벌떡 일어나게 된다. 2015년 통계청 자료에 따르면 새해 목표를 세운 100명 중 단 8명만이 성공한다고 한다. 그러나 한국 미라클 모닝 카페에서는 훨씬 더 많은 이들이 성공한다. 습관을 지속하게 하는 가장 중요한 요인, 즉 함께하는 사람들이 존재하기 때문이다.

습관을 지속하고 유지하기 위해 다음의 세 가지만 기억하고 지키자.

1. 지나치게 욕심을 내지 않는다.

최소 습관 1초라도 성공하면 잠재의식에 성공으로 입력한다.

2. 시작하기 전에 미리 걱정하지 않는다.

일단 '한국 미라클 모닝' 카페에 가입하자. 이 간단한 행동이 변화의 시작이다.

3. 남과 비교하지 않기

이미 습관을 오래 실천한 회원들과 자신을 비교하지 말고, '저 사람들처럼 하면 나도 바뀔 수 있겠구나'라고 긍정적인 생각을 하자. 부정적인 비교는 어떤 경우에도 금물이다. 자신을 초라하게 만들 뿐이다. 있는 그대로의 자신을 사랑하고 존중하자.

작심은 함께하는 사람이 있을 때 계속된다. 이미 초기 과정을 겪은 사람들이 이끄는 '한국 미라클 모닝' 카페에서는 수많은 사람들이 즉각적인 격려와 피드백을 준다. 함께 일어나서 미라클 솔루션을 실천하자. 말도 안 되는 놀라운 기적들이 찾아올 것이다.

커뮤니티가 주는 힘

✦

대기만성^{大器晩成}이라는 고사성어가 있다. 크게 될 그릇은 늦게라도 꼭 성공한다는 뜻이다. 혹시 인생에서 아직 성공을 거두지 못했다는 생각이 드는가? 만약 지금 하는 일에서 큰 결실을 맺지 않았다면 '대기만성'을 떠올리고 기존에 해온 접근 방식을 바꿔보자. 성공은 흔적을 남긴다고 브라이언 트레이시가 말했다. 모든 일에는 원인이 있기 마련이므로, 바라던 결과를 얻지 못했다면 원인을 파악하고 바꾸면 된다. 성공하는 사람들의 습관을 실천하는 커뮤니티에 가입하

습관을 만들 때 기억할 것들

자. 브라이언 트레이시는 성공을 다음과 같이 정의했다.

성공은 사람들과 똑같은 결과를 낼 때까지 그들이 수
행한 일을 반복한 결과다.

그는 『사업 성공의 길』에서 새로운 분야에 뛰어들 때마다
처음에는 그 분야에 대해 전혀 알지 못했으나, 사업에 성공
하기 위해서 반드시 알아야 할 핵심 기술을 찾아내고 익힐
때까지 반복했다고 말했다. 성공한 사람들 대부분이 실천
하는 것은 무엇인가? 아침 일찍 일어나서 하루를 승리하면
서 시작하는 것이다. 그들은 절대 혼자서 하지 않는다. 성공
한 이들이 모인 클럽이나 커뮤니티에 가입해 서로 도움을
주고받는다. 성공한 사람들은 마스터마인드 그룹을 형성한
다. 마스터마인드란 완벽한 정신으로 두 사람 혹은 그 이상
의 마음의 결합과 연대를 통해 생겨나는 마음의 상태를 말
한다. 절대 혼자 안 한다. 팀워크다. 성공학의 거장 나폴레온
힐은 마스터마인드 간의 완벽한 조화는 성공의 보증수표와
도 같다고 말했다. 마스터마인드란 명확한 목표를 달성하기
위해 모인 공동체다. 완벽한 조화를 이루는 마스터마인드는

성공을 위한 필수조건이다. 성공은 운명을 창조하는 습관의 결과다. 좋은 습관을 매일 실천하는 공동체에 가입하자. 강력 추천하는 곳은 한국 미라클 모닝이다. 이곳에는 하루도 빠짐없이 이른 아침에 일어나서 미라클 솔루션을 실천하며 삶을 성공적으로 이끌어가는 사람들이 모인다.

성공한 사람들은 당장 행동으로 옮기라고 말한다. 목표 달성을 위해 면밀한 계획을 세워도 때때로 실패하기도 한다. 하지만 커뮤니티에 자신의 도전 기록을 계속 남기면, 누군가가 보고 있다는 생각에 지속적으로 긍정 압력을 받게 된다. 이 압력이 결국 성공의 사다리를 끝까지 오르게 만든다. 몇 번이고 새로운 계획을 세우자. 마음속에서 단념하지 않는 한 언젠가는 성공할 것이다. 위대한 일을 이루기 위해서는 시간을 가지고 철저히 준비해야 한다. 계획을 실행에 옮길 때 곁에서 격려해주고 지지해주는 커뮤니티가 없으면 쉽게 단념하고 포기하게 된다. 커뮤니티를 적극적으로 활용해서 늘 격려해주고 믿어주는 사람들을 곁에 두자.

성공의 커다란 비결은 결코 지치지 않는 인간으로 인생을 살아가는 것이다

알베르트 슈바이처가 말했다. 지치지 않는 인간이 되려면 동지가 있어야 한다. 혼자 무언가를 하다 보면 의지가 약해지고 한계에 부딪히게 된다. 함께 가야 오래갈 수 있다. 누가 알겠는가. 여러분이 크게 성공하여 대기만성이 될 그릇일지.

꾹꾹 누른 용수철처럼
돌아가는 건 한 방

✦

지구상에는 관성이 존재한다. 물체에 열이나 힘을 가하지 않으면 원래대로 유지하려는 힘이 관성이다. 뉴턴의 운동 제1법칙으로 외부에서 힘을 주지 않으면 모든 물체는 자기 본래의 상태를 유지하려 한다는 것이다. 미라클 솔루션 습관에도 관성이 작용한다. 기본편, 심화편까지 잘 실천하다가도 어느 순간 원래대로 돌아갈 수 있으니 조심해야 한다. 습관을 지속하겠다는 결심을 지켜내지 않으면 늦잠을 자던 과거로 언제나 돌아갈 수 있다. 좋은 습관을 경험하고도 다시 예전의 모습으로 돌아갈 수 있으니 늘 경계하고 주의를 기울이자. 사람은 오래 지속해온 일은 계속하려고 한다. 익숙하지 않은 일이나 어려운 일은 안 하려고 한다. 이 또한 관성의 법칙에 지배받기 때문이다. 감정이 움직여야 인간은 행동한다. 현재보다 조금 더 일찍 준비해서 자신만의 시간을 가지는 미라클 솔루션 습관이 좋은 것을 알았다. 하지만 변화에 저항감이 생기면 실천이 잘 되지 않는다. 카프라는 사람은 40대 초반에 보디빌딩을 시작하여 매일 아침 두세 시간씩 운동을 했다. 그러나 10년간 지속하던 습관을 어떤 계기로 그만두었더니 5년 동안 운동을 멀리하게 되었다. 아무리 좋은 습관이라 할지라도 지속하지 않으면 관성의 법칙에 따라 퇴보하게 된다. 좋은 습관을 지속하기 위해서는 꾸준한 동기부여가 필요하다. 동기부여를 위해서는 성공한 사람들이 하는 말과 행동을 되새길 필요가 있다. 유명 배우이자 정치인인 아널드 슈워제네거는 운동할 시간을 내기 어렵다는 사람들에게 이렇게 말했다.

　나는 보디빌딩을 시작한 초기에 하루 열다섯 시간 오스트리아 육군에서 전차를 몰고 전차 아래 참호를 파서 자다가 아침 5시에 일어나 친구와 함께 공구실의 바벨을 열어 다른 사람들이 깨기 전 한 시간 동안 트레이닝을 하곤 했다. 이보다 더 훈련하기 어려운 환경이 존재한다는 것을 나는 상상할 수 없다. 여러분들이 운동할 시간과 에너지를 확보하고자 한다면 동기부여와 마음가짐, 헌신적인 노력이 필요하다.

대충 시간을 흘려보내며 사는 사람들은 미라클 솔루션을 하지 않아도 된다. 하지만 큰 꿈을 가지고 있고, 뭔가 가치 있는 일을 하고 싶은 독자라면 미라클 솔루션은 필수이다. 모든 사람들이 바라는 성공에는 남다른 노력과 헌신이 필요하다. 최고를 추구하는 사람들은 남들이 잘 때 깨어 있다. 누구에게도 방해받지 않는 시간을 확보하고 생산적인 일을 한다. 아침 시간은 자신이 누구인지 본질적인 질문을 던지고 답을 구할 수 있는 시간인데, 관성의 지배를 받아 그 시간을 포기해버린다면 손해가 아닐 수 없다. 인생은 누구도 기다려주지 않는다. 시간은 무한정 주어지지 않는다. 지금 이 순간에도 시간은 계속 흐르고 있다. 이 책을 읽는 당신은 남들보다 더 뛰어난 능력과 의지를 가진 사람일 것이다. 관성의 지배를 받을 것인가, 아니면 최고가 되기 위해 미라클 솔루션을 지속할 것인가. 지속이 잘 안 될 땐 어떻게 해야 할까? 물리학에서 외부의 강한 힘이 움직이는 물체를 정지시키거나, 정지되어 있는 물체를 움직이기도 하는 것처럼, 사람도 습관을 바꾸기 위해서는 강한 힘, 즉 동기부여와 심리적 자극이 필요하다. 동기부여를 위한 가장 좋은 방법은 관련 커뮤니티에 가입하는 것이다. 새벽에 일어나 활발하게 미라클 솔루션 습관을 실천하면서 삶을 변화시키고 있는 사람들을 매일 보다 보면 동기부여가 강하게 될 것이다.

신성진 한국재무심리센터 대표는 부자들은 어떤 일이 있어도 목표를 정하고, 그것을 보고 매일 읽는다는 공통점이 있다고 했다. 아침저녁으로 계속 목표를 떠올린다. 쓰고 읽을 수 있는 곳에 붙여놓는다. 반복적으로 목표를 읽고 쓰는 행위는 관성의 지배를 뛰어넘게 한다. 항상 강한 동기부여가 되니 관성의 법칙을 거슬러 습관을 지배하고 운명을 바꿀 수 있게 된다. 미라클 솔루션 습관도 부의 습관이다. 꼭 자기 전에 자신의 목표를 읽고, 아침에 일어나보자. 많은 것이 달라질 것이다. 시간을 그냥 흘려보내지 않고 책이라도 읽게 될 것이다. 두 번째 부자들의 공통 습관은 지속적인 기록이다. 그들은 돈이 어디에 지출되는지 점검한다. 자신이 쓴 돈을 점검하여 지출을 줄이고 돈의 효율성을 높여서 투자한다. 세 번째 부자들의 공통 습관은 현장을 찾아서 검색하는 데 그치지 않고 직접 투자 아이템을 경험한다는 것이다. 미라클 솔루션 습관은 책상에 앉아서 쓴 목표를 실행하게 해주어 반드시 행동하게 된다. 지속한다면 당신도 큰 부를 이룰 수 있다.

시간이 갈수록
두 배로 늘어나는 마법

《시사저널》노진섭 의학 전문 기자는 건강하게 살기 위해 이것만은 꼭 해야 한다는 것이 있다면 무엇일까요? 라고 의사들에게 물었다. 그 질문에 의사 열다섯 명 중 열한 명이 운동이라고 대답했다. 그다음으로 아홉 명이 복수 응답으로 꼽은 게 건강한 식사였다. 습관은 거창한 것이 아니다. 미라클 솔루션 습관에는 꾸준한 운동이 포함되어 있고, 운동을 통해 에너지를 소비하다 보면 식사도 규칙적으로 하게 된다. 처음에는 차이점이 보이지 않을지 모르지만 이 습관이 지속되면 건강에 복리 이자가 쌓인다. 운동은 잠깐 한다고 효과가 나타나지 않는다. 하지만 매일 1분씩이라도 1년을 지속하면 365분의 이자가 쌓여 습관을 잡아줄 것이다. 의사들은 몸을 일정하게 움직이는 몸의 규칙성을 강조했다. 매일 하루 1분 요가를 하겠노라고 잠재의식에 각인시키고 이 1분을 평생 지속하면 건강 습관을 잡는 데 큰 밑거름이 된다. 모든 것을 다 가졌어도 건강을 잃으면 다 잃는다, 라는 속담이 있다. 건강은 지금은 안 보이지만 시간이 쌓일수록 이자가 크게 붙는다. 건강을 위해서라도 미라클 솔루션을 실천하자. 미라클 솔루션을 실천하면 고요한 시간에 내면으로 들어가 자신의 현재 생활과 행동을 점검할 수 있다. 이 과정을 통해 더 건강한 음식을 섭취하게 되고, 중독성 있는 술이나 커피 같은 기호식품을 멀리하게 된다. 미라클 솔루션을 실천하는 사람들 중에는 금주와 금연을 하는 사람들이 많다.

의사들은 운동에 있어 '규칙성'이 중요하다고 강조한다. 그러므로 일상생활에서 무리 없이 실천할 수 있는 것을 선택해야 한다. 처음 습관을 들이는 단계에서 지나친 고강도 운동을 선택하면 오래 지속할 수가 없고 우리의 잠재의식은 이를 실패로 간주한다. 그래서 운동을 더 멀리하게 된다. 아주 쉬운 운동, 이 정도면 매일 성공할 수 있을 것 같은 간단한 운동을 고르자. 1초만 해도 좋다. 매일 1초씩 점프했다면 그것도 성공한 것으로 여긴다. 여기에 익숙해지면 지속시간을 서서히 늘려서 매일 1분씩 해보자. 이것도 쉬워지면 다시 5분으로 늘리고, 그다음에는 10분, 30분, 50분으로 늘리자. 가장 중요한 것은 처음 습관을 들일 때 절대 무리해서 잡으면 안 된다는 것이자. 이것만 주의하자. 포기하는 것은 아예 안 하느니만 못하다. 일단 시작했으면 꾸준히 끝까지 해야 한다.

의사들은 약간 숨이 찰 정도의 운동을 하루 30분 이상 일주일에 3~5회 하라고 권하지만, 그보다 간단한 운동을 매일 실천하는 것도 분명 도움이 된다. 매일 하는 것이 습관을 형성하는 데는 더 유용하다. 바쁜 일상 속에서는 30분의 운동 시간을 내는 것조차 부담스러울 수 있다. 그러니 아침에 1분만 일찍 일어나서 제자리에서 점핑잭 10개, 스쿼트 10개, 이런 식으로 아주 간단한 운동을 매일 해보라. 에너지가 달라진다.

습관의 복리이자는 시간이 갈수록 늘어난다. 복리란 원금은 물론 원금에 붙은 이자에도 동일한 이자가 다시 붙는 걸 말한다. 시간이 흐름에 따라서 습관의 복리는 단리보다 훨씬 더 강하다. 꾸준함의 힘을 알고 있는 사람들은 미라클 솔루션 습관을 평생 실천한다. 평생 건강하게 사는 사람들치고 아침에 일찍 일어나지 않는 사람이 없다. 복리로 계속 건강이 좋아질 수밖에 없다. 아침 해의 기운을 받으며 상쾌하게 운동하고 명상하고 주변을 정리하고, 글을 쓰고, 꿈을 상상하고, 외치고, 배우는 사람은 외적인 조건뿐 아니라 내면도 성장한다. 마음까지 풍요로운 사람이 된다.

『아주 작은 습관의 힘』의 저자 제임스 클리어는 습관이 매일 1퍼센트씩 성장하면 1년이면 37배 복리이자가 붙는다고 했다. 반대로 1퍼센트씩 퇴보하여 게으르고 나태해지면, 단 1퍼센트만 소홀히 했음에도 1년 후에는 3퍼센트의 이자밖에 남지 않게 된다. 모든 사람들은 똑같이 24시간을 부여받았는데 어떤 사람들은 인생에서 엄청난 성공을 이루고 어떤 사람들은 힘들고 불행한 삶을 산다. 그것은 미라클 솔루션 습관의 '복리 효과' 때문이고 '축적된 시간의 힘' 때문이다. 부익부 빈익빈이다.

성경(마가복음 4:25)에서는 '있는 자는 받을 것이요, 없는 자는 그 있는 것까지도 빼앗기리라'라고 했다. 습관은 더 많이 실천하고 지속할수록 더 풍요로워지고 부유해진다. 하지만 시간만 흘려보내면서 발전적인 행동을 하지 않으면 공회전하거나 오히려 이자를 내는 입장으로 퇴보할 것이다. 삶의 끝에 서보면 다 알게 된다. 삶은 습관의 총집합이다. 전설적인 투자자인 워런 버핏도 '스노볼' 효과를 이야기한다. 산 정상에서 눈을 굴릴 경우 아래로 내려갈수록 기하급수적으로 눈덩이가 불어나기 때문에 지금 당장은 보이지 않더라도 미라클 솔루션 습관이 쌓이고 쌓이면 그 효과가 기하급수적으로 커진다. 평생 미라클 솔루션을 실천하겠다고 다짐하라.

영역을 넓히면
시야도 넓어진다

근주자적 근묵자흑(近住者赤 近墨者黑)이라는 말이 있다. 중국 위진 시대의 학자 부현(傳玄)이 편찬한 『태자소부잠(太子小傳箴)』에 나오는 성어로 붉은 인주를 가까이하면 붉게 되고 먹을 가까이하면 검게 물이 든다는 뜻으로, 환경의 중요성을 이야기할 때 자주 인용된다. 가깝게 지내는 주변 사람 다섯 명의 평균이 자신을 잘 대변한다. 전문가들은 주변에 누가 있고 어떤 환경에서 사느냐에 따라서 재산의 가치도 달라지고, 행동도 달라진다고 한다. 실제로 백만장자가 아닌 사람이 백만장자 클럽에 가입해서 부자들과 함께 공부했더니 그 역시 부유해졌다는 연구 결과도 있다. 우리가 미라클 솔루션을 하는 이유도 지금보다 더 나은 삶이 존재하기 때문이다. 의식의 단계를 조금씩 올리다 보면 감정이 행복해지고 주변에서 만나는 사람들이 바뀐다. 미라클 솔루션도 일종의 자기 수행이기 때문에 자신을 갈고닦아 변화시키다 보면 주변에 좋은 사람들이 모이게 되어 있다. 삶을 바꾸고 싶다면 아래 세 가지는 반드시 바꿔야 한다.

> **첫째**, 지금 만나는 사람들을 바꾼다.
> **둘째**, 지금의 환경을 바꾼다.
> **셋째**, 습관을 바꾼다.

이 세 가지를 바꾸면 의식의 높은 단계까지도 갈 수 있다. 워런 버핏과 빌 게이츠는 이 정도의 밝은 의식을 가지고 있기에 지금의 자리에 오를 수 있었다. 이 둘은 아주 친한 친구이기도 하다. 자주 만나고 전화 통화도 한다. 빌 게이츠의 어머니는 꼭 워런 버핏을 만나라고 충고해줄 정도였다. 의식 있는 사람들은 환경의 중요성을 일찍 깨달아 좋은 환경과 인맥을 구축하는 데 투자를 아끼지 않는다. 부자가 되려면 부자에게 밥을 사라는 말이 있다. 부자와 어울리면서 상대의 에너지와 생활 습관과 노하우를 전수받아 자신도 그렇게 살 가능성이 커지기 때문이다. 미라클 솔루션 습관도 마찬가지다. 좋은 습관을 가진 사람, 성공한 사람을 가까이 두면 당신 역시 좋은 습관을 들일 수 있다. 당신이 희망하는 분야의 최고 고수들을 꼭 만나보라. 만약 베스트셀러 작가가 되고 싶다면 베스트셀러를 낸 작가들을 찾아가서 좋은 이야기를 들어보라. 성공한 사람들은 자신이 터득한 것을 남들에게 알려주고 싶어 한다. 그들에게 메일을 보내라. 적극적으로 연락해서 만남을 성사시켜보라. 실패하더라도 낙담하지 말고 또 다른 롤 모델을 찾아보라. 만약 당신이 운 좋게도 빌 게이츠나 워런 버핏과 식사를 하게 된다면 어떤 일이 벌어질까? 여러분도 억만장자인 이들을 본받아 좋은 습관과 높은 의식을 가진 사람으로 성장할 수 있다. 롤 모델과의 만남은 우리에게 강력한 동기부여를 해준다. 인생에서 누구를 만나느냐에 따라 인생이 완전히 바뀔 수도 있다. 당신이라고 못 할 이유가 있겠는가. 워런 버핏과 빌 게이츠는 미라클 솔루션 습관을 평생 실천했다. 워런 버핏은 하루의

80퍼센트를 독서로 채우고, 빌 게이츠도 바쁜 스케줄을 소화하는 가운데 책을 50~60권이나 읽는다. 이들은 아침 3시에 일어나서 부를 쌓았고, 빌 게이츠는 60대가 된 지금도 아침 6시 이전에 일어나서 분 단위로 하루를 보내고 있다. 똑같이 24시간을 부여받지만, 어떤 사람들은 48시간처럼 사용해서 인류에게 가치 있는 유산을 남기고, 또 어떤 사람들은 시간을 낭비하며 무의미하고 나태하게 하루하루를 보내고 있다.

우리가 미라클 솔루션을 하는 이유도 2, 3의 수준의 성공을 바라지 않고 최고의 성공인 10의 수준을 원하기 때문이다. 마음속을 깊이 들여다보라. 진정으로 돈을 많이 벌고 싶고 성공하고 싶고 엄청난 명예를 누리고 싶은 마음이 전혀 없는가? 정말로 없다면 지금 그대로 살면 된다. 하지만 지금보다 나은 삶을 살고 싶다면 책을 읽고 뭔가를 시도하고 새로운 것을 끊임없이 배우라. 미라클 솔루션 습관은 여러분을 더 큰 물에서 살게 해줄 것이다. 새로운 환경과 유능한 사람들을 당신 곁에 불러들여, 한층 업그레이드된 삶으로 이끌 것이다.

내면의 힘을 기르는
최고의 방법

✦

우리가 바라는 모든 것들은 그냥 주어지지 않는다. 만약 러시아어를 유창하게 하고 싶다면 앉아서 러시아어를 유창하게 말하는 상상을 하는 것만으로는 부족하다. 먼저 멋지게 러시아어를 구사하는 자신의 모습을 떠올리고, 다음으로는 행동해야 한다. 뭘 배워야 할까. 러시아의 언어를 배워야 한다. 가만히 있는다고 러시아어가 술술 나오진 않는다. 미라클 솔루션도 마찬가지다. 우리가 공부를 하는 이유는 지금보다 더 나은 삶이 있기 때문이다. 현재도 훌륭하지만 미래는 더욱 더 찬란할 수 있다. 공부한 만큼만 보인다. 그러므로 아까운 시간을 비생산적인 활동에 낭비하기보다는 끊임없이 공부하고 배워야 한다. 우리 인생은 너무나도 짧다. 부를 획득한 사람들은 끊임없이 배우고 공부한다. 자신에게 투자하며 결코 시간을 허투루 사용하지 않는다. 아침은 삶의 열정과 희망을 발견할 수 있는 시간이다. 하루의 피곤이 누적된 저녁이 되면 에너지와 열정이 사그라지기 쉽다. 사람의 에너지는 한정되어 있어서 수면으로 재충전을 해야만 집중력과 열정이 올라온다. 백만장자들은 대부분 아침에 일찍 일어난다. 그리고 다음의 5단계를 꾸준히 실천한다.

1. 잠을 자기 전에 확언을 하거나 시각화를 한다. 내일 할 일을 미리 계획한다.
2. 전날 세워둔 계획을 여유 있게 실행하기 위해 알람이 울리면 바로 일어난다.
3. 화장실로 가서 바로 세수하고 양치질을 하면서 거울을 보며 확언한다.
4. 물을 한 잔 마시며 밤새 건조해진 몸에 수분을 공급한다.

5. 바로 운동을 하거나 샤워를 한다.

이런 쉬운 방법을 실천하기 어려운 까닭은 간절한 삶의 소망과 비전, 미션을 가지고 있지 않기 때문이다. 자신의 존재로 인해 이 세상에서 단 한 사람이라도 행복해졌다면 그것이 바로 성공이다, 라는 에머슨의 말처럼, 내가 생각하는 성공은 무엇인지, 나는 세상에 무엇을 남기고 싶은지 매일 질문하고 답을 찾아야 한다. 자신만의 소명을 찾아야 한다. 백만장자들은 남들이 상상하지 못할 정도의 큰 부를 쌓아서 이를 바탕으로 사회에 공헌하고 기여한다. 그런 삶을 살면 하루하루가 설레어서 시간을 낭비할 수 없다. 이미 많은 것을 가졌음에도 끊임없이 공부하고 새로운 기술과 지식을 익혀 더 큰 목표를 향해 나아간다. 그들처럼 성공한 삶을 살고 싶다면, 간절한 소망과 반드시 꿈을 이루겠다는 목표의식을 가져야 한다. 그리고 미라클 솔루션을 실천하며 자기를 끊임없이 갈고닦아야 한다. 워런 버핏은 배우는 데 집중하여 자기 자신에게 투자하는 것이 가장 현명한 선택이라고 말했다. 자신에게 투자하는 것이 가장 큰 성공이다. 자신이 배운 것을 바탕으로 많은 사람들을 도울 수 있기 때문이

다. 바쁜 현대인들에게 공부하기 가장 좋은 시간은 아침이
다. 밤에는 충분한 수면과 휴식을 취하고, 이른 아침 정신이
맑고 조용한 시간을 이용해 배움에 투자하자.

작은 성취를 위해
절대 낮추면 안 되는 것

발명왕 에디슨은 우리가 해낼 수 있는 모든 일을 해낸다면 우리는 말 그대로 자신에게 놀라게 될 것이라고 말했다. 그는 어떠한 도전도 전부 실험이라고 생각했다. 실험이니 실패하더라도 무조건 다시 시도했다. 텅스텐으로 필라멘트 만들기를 7천 번 실패했다. 하지만 결코 포기하지 않았다. 인생의 도전에서 성취감을 맛보기 위해선 지속성과 일관성이 필요하다. 에디슨은 오래가고 내구성 있는 필라멘트를 만들 수 있다고 믿었다. 흔들리지 않고 일관되게 믿었다. 믿음이 있었기에 실험에만 몰입했다. 성공의 법칙은 간단하다. 뭔가 바라는 것이 있으면 모든 에너지를 그 한 가지 소망으로 집중하는 것이다. 그러면 태산도 움직일 수 있다. 우리가 미라클 솔루션을 하는 이유도 정신을 한곳에 집중하기 위해서다. 꿈을 반드시 이룰 수 있다고 믿자. 목표를 절대 낮추지 않아야 한다. 에디슨의 어머니는 아들에게 무엇이든 할 수 있다는 믿음을 심어주었다. 실패는 성공으로 가기 위해 반드시 거쳐야 할 단계들이다. 실패한다고 해서 목표를 계속 낮추고 거기서 만족하면 안 된다. 지금보다 훨씬 더 높은 의식 단계에 올라가면 말도 할 수 없을 정도로 크고 밝은 의식의 행복이 찾아온다. 목표를 계속 낮추는 것은 미라클 솔루션을 통해서 이룰 수 있는 수만 가지의 큰 꿈들을 물 건너가게 만드는 것이다. 아침에 꿈을 위해 조금 더 일찍 일어나는 것은 수행과도 같다. 수행자들이 고요한 아침에 일어나서 정신을 한데 모으고 기도를 올리는 것도 일종의 미라클 솔루션이다. 정신을 한곳에 집중하여 반드시 꿈을 이루겠다는 의지를 매일 되뇌는 작업은 쉽지 않다. 마음을 한곳으로 모으지 않으면 나약한 마음을 다잡을 수 없다. 돋보기로 태양을 비추어 검은 종이를 태우는 실험을 해봤을 것이다. 돋

보기로 한 점에 집중해야 종이에 불이 붙는다. 아침에는 정신이 맑고 고요해 한 가지 목표에 집중이 잘되게 만든다. 이 시간을 적극 활용하면 위대한 일을 해낼 수 있다. 지속적으로 꾸준히 일어나보라.

커널 샌더스가 KFC를 세계 제일의 프랜차이즈로 일궈낸 데에는 지속성^{persistency}과 일관성^{consistency}이 있었다. 그는 62세의 나이에 사업에 실패하고 소액의 국가 연금으로 연명했지만, 그럼에도 꿈을 이룰 수 있다고 믿었다. 비참한 상황에도 굴하지 않고 자신의 특기를 살렸다. 철도 노동자, 소방관, 주유소, 카페 등을 거치며 다양한 경험을 쌓고, 셀 수 없는 시도를 한 끝에 자신만의 닭고기 튀김 레시피를 개발하는 데 성공했다. 그는 전국을 돌며 자신의 레시피를 팔고자 했지만 돌아오는 것은 거절뿐이었다. 하지만 이번에도 그는 포기하지 않았다. 샌더스는 1952년 유타주 솔트레이크시티에서 피트 하먼이라는 사업가를 만났다. 피트 하먼은 그의 닭고기 튀김에 관심을 가졌고, 마침내 KFC가 탄생하게 되었다. 만약 커널 샌더스가 1008번의 거절을 견뎌내지 못했더라면 오늘날 수많은 사람들이 즐겨 먹는 치킨은 존재하지 않았을 것이다. 포기는 단절을 뜻한다. 만약 미라클 솔루션 습관을 도중에 포기해버리면 더 높은 수준의 삶을 누리지 못하게 될 것이다. 많은 사람들이 더 나은 미래를 꿈꾸면서도 지속성과 일관성이 부족해 포기하고 만다. 그러면 바라던 꿈이 손에 들어오지 않는다. 미라클 솔루션은 좋은 습관이지만 일관성 없이 도중에 포기해버리면 풍요롭고 멋진 삶을 살 기회를 놓치고 만다. 선택은 자유이지만 이미 많은 사람들이 미라클 솔루션 습관으로 삶을 긍정적으로 변화시켰다. 남들이 했다면 당신도 할 수 있다. 믿음을 잃지 말자. 꼭 성공하여 지금보다 더 놀라운 자신을 마주하자.

두려움에 목표를 낮추지 말고, 꿈을 크게 꾸자. 사람들은 꿈을 따라 살게 되기 때문이다. 큰 꿈을 가지고 매일 상상하고 시각화하고 행동한다면 언젠가 그런 사람이 되어 있을 것이다. 5퍼센트 성장을 목표로 삼으면 과거 방식대로 움직이기 때문에 그보다 낮은 4퍼센트 성장도 달성하기 힘들다. 하지만 30퍼센트 성장을 목표로 삼으면 그 목표를 이루기 위해 획기적인 아이디어와 접근 방식을 모색하게 된다. 위대한 성과는 원대한 목표에서 나온다. 마쓰시타 고노스케는 이처럼 목표를 크게 잡아 크게 성공했다. 성공한 사람들은 목표를 절대 낮추지 않는다. 그래서 더욱 더 성장한다. 미켈란젤로는 인간의 한계를 뛰어넘는 곳을 목표로 잡고 매진하여 위대한 작품을 후대에 남겼다. 웨인 다이어 박사는 미켈란젤로의 유명한 디비드상을 평가하며 이런 표현을 썼다. '자기를 초월한 숭고한 존재에 대한 간절한 사랑은 인간을 신적인 경지로 끌어올린 궁극적인 힘이 원천이다.' 높은 뜻을 품고 절대로 작은 자신에 안주하지 말라는 대가들의 조언을 새겨듣자. 큰 꿈을 품고 꾸준히 실천할 수 있는 것들부터 미라클 솔루션을 실천하자. 남들이 해냈다면 당신도 할 수 있다. 절대 포기하지 마라. 미켈란젤로처럼 자신만의 큰 꿈을 그려 후대에 남기자.

미루거나
망설이지 말고

✦

삶에서 일어나는 모든 일들에 바로 반응할 수는 없다. 하지만 해야 할 일들을 즉각 처리하면 에너지를 다른 곳으로 빼앗기지 않기 때문에 지금 이 순간 고요하게 있을 수 있다. 즉 매 순간 행복을 느끼게 만드는 것이 미라클 솔루션 습관이다. 아침에 일어나서 하루 중에 해야 할 중요한 일들을 생산성 높은 시간대에 처리하고 남는 시간에는 여유와 꿈을 향해 필요한 행동을 할 수 있어서 에너지를 효율적으로 관리할 수 있다. 이렇게 생각해보자. 만약 지금 은퇴 준비를 하지 않는다면 노후에 어떤 삶이 펼쳐질까? 적지 않은 사람들이 오늘 할 일을 나중으로 미루면서 큰 곤란을 겪는다. 그들은 무언가 감정적으로 불편한 것, 번거로운 것을 피하려고 한다. 대신 일시적으로 자신의 기분을 좋게 만드는 중독성 있는 것에 몰두한다. 해야 할 일을 미루고 중독적인 행위를 하다 보면 죄책감을 느끼게 되고, 이 감정을 외면하면서 할 일을 또다시 미루게 된다. 지금 당장 고쳐야 하는 습관들이다. 미라클 솔루션을 실천하면 이렇게 미루는 습관을 완화시켜준다. 삶에서 시간이 너무나도 소중한 것임을 알게 된다. 이전까지 미루던 것을 아침 일찍 해버리기 때문에 에너지를 낭비하지 않게 되고, 부정적인 감정에 사로잡히는 일이 줄어든다. 이것이 미라클 솔루션의 가장 큰 장점이다. 미루지 않고 가장 중요한 일을 일찍 해버리면 하루가 어떻게 바뀔까? 자신이 좋아하는 일을 할 수 있도록 시간을 확보하게 해주는 것이 미라클 솔루션이다. 명상, 시각화, 독서, 확언, 1분 청소, 배움, 운동, 글쓰기를 통해서 정신이 맑고 깨끗해져서 어떤 결정이나 결단을 내릴 때 큰 도움이 된다.

　오타와 칼턴대학의 교수인 파이킬은 지난 19년 동안 미루기procrastination를 연구했다. 2017년 12월 17일《뉴스 페퍼

민트》의 기사에서 파이킬 박사는 미루기를 극복할 수 있는 방법에 대해 이렇게 말했다.

> 내가 가장 좋아하는 미루기 극복 표현은 일단 시작하자Just get started, 입니다. 이 말은 너무 강압적이지도 않아서 미루기를 극복할 수 있습니다. 그냥 해Just do it는 너무 강압적입니다. 그러나 어떻게든 시작하도록 만들어야 합니다.

미라클 솔루션 습관이 더 나은 사람으로 거듭나게 해주는 유익한 습관이란 점에 많은 사람들이 동의한다. 그러나 아무리 좋은 습관이라도 억지로 한다면 제대로 효과를 낼 수 있을까? 압박감과 반발심을 느끼게 될 것이다. 자신을 너무 밀어붙이지 말고 가벼운 마음으로 시작해야 꾸준히 지속할 수 있다. 자신에게 너무 엄격한 잣대를 들이대지 말자. 많은 사람들이 불편한 감정을 피하려고 실천을 미루거나 중도에 포기해버린다. 그리고 미루기가 계속되면 학습된 무력감learned helplessness을 낳는다. 아무리 노력하고 도전해도 좌절만 반복되면 충분히 할 수 있는 일 앞에서도 머뭇거리고 망설이게 된다. 미라클 솔루션 습관은 그런 학습된 무기력을 극복하게 해주고 목표를 달성하게 해주는 좋은 도구다. 가벼운 마음으로 일단 시작해보자. 미루거나 망설이지 말고, 일단 시작한 뒤에 천천히 개선해나가면 누구나 미라클 솔루션을 할 수 있다. 좋은 습관을 실천하여 꿈과 목표에 다가가게 해주는 미라클 솔루션을 일단 1분만이라도 시작해보자.

적절히 잘 하면 좋은
약속 거절법

미라클 솔루션을 우선순위에 두고 이제 일찍 일어나기로 결단했다면 저녁 약속은 자제하는 것이 좋다. 시간을 내어 자신을 한번 돌아보자. 지금처럼 살면 미래가 어떻게 변할지 자신에게 물어보자. 만약 늦게 자고 아침에 간신히 일어난다면 미래가 어떻게 될까. 내가 잠들어 있을 때 어떤 사람은 아침 일찍 일어나서 명상을 하고, 가족과 행복한 아침을 맞이하고, 여유롭게 독서와 글쓰기와 청소를 다 하고 출근했다면 그와 나의 삶은 어떻게 달라질까. 스스로에게 진정으로 질문하길 바란다. 삶의 우선순위에 집중하지 않고 모든 약속에 다 예스를 외친다면 내면에서 영혼이 외치는 소리를 어떻게 들을 것인가. 저녁 모임은 미라클 솔루션을 방해한다. 좋은 습관을 오래도록 지속하기 위해선 일단 잠자리에 드는 시간을 정해놓고 되도록 바꾸지 않겠다고 결단하는 것이 좋다. 그 결심을 주변 사람들, 특히 가족에게 알리자. 습관을 유지하는 데 주변 사람들의 지지와 협조는 필수적이다. 처음에는 약속을 거절하는 것이 미안하고 불편하더라도, 일찍 자고 일찍 일어나는 삶을 통해 행복하고 건강해진 당신을 보게 되면 주변 사람들도 곧 당신을 이해하고 지지하게 될 것이다. 가족, 친구, 동료들과의 저녁 모임을 거부하기가 쉽지 않겠지만, 멀리 보면 지금 거절하는 것이 합리적인 선택이 될 수 있다. 미라클 솔루션을 통해 꿈을 이루기로 마음먹었다면, 적어도 새로운 습관에 익숙해져가는 기간에는 늦은 저녁 약속은 잡지 않도록 하자.

상대의 눈치를 보느라 거절을 잘 못하는 사람들이 많다. 우물쭈물하다가 상대의 의견을 수용하고 '왜 그때 단호하게 말하지 못했을까' 하고 자신을 탓하는 경우도 많다. 아래에 미라클 솔루션을 위한 거절의 기술을 소개한다.

1. 삶의 우선순위를 정한다.

미라클 솔루션을 성공하기 위해선 질문해야 한다. 왜 저녁 늦게 약속을 잡아서 충분한 수면을 취할 수 없는 환경을 만드나? 정말로 함께 밥을 먹고 술을 마셔야만 좋은 관계를 유지할 수 있는가? 스스로에게 질문을 던지고 내면의 목소리에 귀를 기울이자. 그리고 자신의 우선순위를 확실하게 정하자.

2. 거절에 대한 대안을 제시하자.

대안을 제시하면 상대방은 거절당해도 기분이 상하지 않는다. 예를 들어 미라클 솔루션에 집중하는 시간을 피해서 주말 낮에 만나 더 좋은 시간을 가질 수도 있다. 편안한 시간에 오히려 더 오래, 깊은 이야기를 나눌 수도 있다.

3. 공감을 해준다.

거절을 당할 때에 상대방은 기분이 나쁠 수 있다. 미리 상대방의 마음에 공감해주자. 상대의 마음을 충분히 이해하고 귀 기울이고 있음을 표현해야 한다. 그런

다음 자신의 현재 상황을 설명하고 동의를 구하자. 합
당한 이유를 대고 설득하면 상대는 기분 상하지 않고
당신의 청을 받아들일 것이다.

아침 일찍 일어나는 습관이 완전히 자리 잡을 때까지는
거절의 기술을 적절히 발휘해 늦은 약속을 자제하길 권한
다. 앞에서 제시한 '거절의 기술'을 잘만 적용하면 친구나
동료들과의 관계를 해치지 않고도 미라클 솔루션에 집중할
수 있게 될 것이다.

목표는 크게 과정은 잘게

◆

미라클 솔루션을 할 때 목표 설정은 매우 중요하다. 짐 론의 말을 들어보자. 짐 론은 미국에서 가장 영향력 있는 동기부여 강연가다. 그는 자기계발 분야의 주류 인사였다. 목표를 설정하고 실천하는 걸 삶을 살면서 골을 넣을 수 있는 골대가 없다면 아무도 그 경기를 보러 오려 하지 않을 것이라고 말했다. 혹 있다 하더라도 골을 넣어 결과를 내지 않으면 아무도 그 경기를 돈을 내고 보러 오지 않는다는 것이다. 목표 자체가 없어도 안 되고, 목표가 있어도 생산적으로 결과를 내지 않으면 아무도 관심을 가지지 않는다. 목표가 생기면 반드시 결과를 내야 한다. 결과로 가는 과정의 성공 경험이 미라클 솔루션 습관을 지속시켜줄 것이다. 큰 목표를 이룰 수 있도록 중간 목표 달성 과정을 실패할 수 없게끔 아주 작게 나눈다. 꿈을 이루기 위해서는 과정이 중요하다. 꿈을 이루는 매 과정마다 목표를 세워 이정표를 만든다. 달성해 가는 중에 얼마나 발전했는지 확인할 수 있게 만들어야 한다. 그래야 동기부여가 되고 진행 상황을 점검하여 더 발전하고 성장할 수 있다. 처음부터 너무 크게 시작하지 말고 실패할 수 없을 정도로 작게 단위를 나누어라. 삶의 목적과 사명과 소명, 비전을 이루기 위해서는 구체적인 전략이 필요하다. 미라클 솔루션을 통해 반드시 목표를 성공시키는 3단계 비법을 공개한다.

1. 아침에 일어나는 이유와 목적을 명확하게 정의한다

예를 들어 아침에 일어나서 세계 여행을 가기 위해 다른 나라의 언어를 배우고자 한다면 자기계발 목표를 '언어 습득'이라고 정한다. 구체적으로 언제, 얼마만큼의 시간을 투자하고 하루에 얼마만큼 공부할 것인지 명확한 수치로 표현

한다. 목표를 글로 표현할 때는 아래의 예시와 같이, 잠재의
식에 각인될 수 있는 짧은 문장으로 나눠서 쓴다.

　　㉠ 나는 아침 5시에 일어난다.
　　㉡ 나는 여행 책자 한 권을 5월 5일까지 마스터한다.
　　㉢ 매일 5시 15분에서 5시 35분까지 20분씩 쓰면서
　　　외운다.
　　㉣ 150페이지를 5개월에 걸쳐 매일 1페이지 공부한다.

　이 목표를 적어서 적어도 여섯 군데에 붙인다. 지갑, 휴대
전화, 컴퓨터 모니터, 자동차, 냉장고, 화장실에 붙여놓고 아
침, 점심, 저녁으로 읽는다. 목표를 인식시키는 가장 좋은 방
법이다. 이렇게 표현하면 반드시 하게 되어 있다.

2. 목표를 정할 때마다 이런 질문을 한다
　　㉠ 멋진 인생을 살기 위해선 아침에 어떤 자세로 일어
　　　나야 하는가?
　　㉡ 멋진 인생을 살고 인류에 도움이 되기 위해선 어떤
　　　사람들과 만나야 하는가?

ⓒ 내가 바라는 이상적인 삶을 살 때 돈은 얼마 정도
가 있으면 좋을까?

ⓔ 이상적인 삶을 살기 위해서 지금 내가 해야 하는
행동은 무엇일까?

목표를 정할 때에는 반드시 질문을 하고 마감 시간을 정
한다. 마감 시간을 정하지 않으면 자칫 시간을 허투루 쓰게
된다. 시간은 금이다. 목표 달성을 위해서는 시간을 잘 활용
하는 법을 배울 필요가 있다. 이미 성공한 사람들의 시간 관
리법에 관한 책을 미라클 솔루션 시간에 읽을 수 있다. 우리
나라에서 추천하고 싶은 시간 관리의 대가는 강규형 3p바
인더 연구소 대표다. 그는 시간을 분 단위로 사용한다. 바인
더를 만들어 시간을 기록해보라고 한다. 목표와 상관없이
하루에 낭비되는 시간을 객관적으로 보면 미라클 솔루션을
좀 더 생산적으로 할 수 있을 것이다. 목표를 잘게 나눌 때
에는 스스로 통제할 수 있는 목표여야 한다. 만약 1억을 버
는 것이 목표라면, 오늘 당장 1억을 벌 수는 없지 않은가.
상식적으로 생각하고 일의 순리를 생각해보자. 만약 1억을
3년 동안 모으겠다고 결심했다면 1년에 약 3천만 원 정도

를 모아야 한다. 이 돈을 다시 12개월로 나눈다. 대략 한 달에 250만 원을 저축해야 한다. 돈을 모으는 목적도 명확히 해야 한다. 1억으로 무엇을 하고자 하는가. 투자를 하고 싶어서라면, 성공적인 투자를 위해 공부도 하고 돈도 모으면서 절제하는 방법을 습득할 수 있다. 목표를 이루는 과정에서 250만 원이라는 금액이 부담스러우면 기간을 5년으로 늘린다. 이 경우 2천만 원씩 5년을 모으면 1억이 된다. 매월 166만6666원 정도를 저축하면 된다. 만약 이것이 더 현실적인 방안이라면 그렇게 정한다. 아예 월급에서 이 금액을 자동 이체시키면 돈을 모으기는 더욱 수월해질 것이다. 20대부터 이런 습관을 다져놓으면 일생 여유롭게 살 가능성이 높다. 모든 목표 관리도 습관에서 비롯된다. 미라클 솔루션 습관을 체득하면 저축과 절제 모든 부분에서 목표를 잘 잡고 이루게 된다.

3. 목표 달성 중에 변수가 생기면 전략을 계속 수정한다

미라클 솔루션을 하는 도중에 생각지 못한 변수가 생길 수도 있다. 그때는 전략을 새롭게 수정해야 한다. 한 가지 방법만 옳다고 고집할 필요는 없다. 다양한 가능성을 열어두고 자신에게 가장 잘 맞는 전략을 짜라. 그리고 실천하는 과정에서 자신이 올바로 가고 있는지 반드시 확인하라. 만약 목표를 세분화했는데도 실행하기가 어렵다면 전략을 바꿀 필요가 있다. 그때는 멘토나 친구, 책 등의 도움을 받아 목표 달성 전략을 점검하고 수정한다.

미라클 솔루션 습관은 한 계단 한 계단 밟아 올라가 저 높은 꿈에 이를 수 있는 가장 좋은 도구다. 목표를 낮게 잡을 필요는 없다. 꿈은 늘 크게 꾸되 단계별로 실행 계획을 촘촘히 짜서 실천하기만 하면 누구나 다 미라클 솔루션으로 목표를 이루고 성공할 수 있다.

책으로 해도 효과 만점

✦

많은 사람들이 책 읽기의 중요성을 알고 있다. 아침 일찍 일어나서 독서를 하면 자기계발도 할 수 있고, 삶의 질도 개선되리란 걸 안다. 실제로 새벽에 일어나서 미라클 솔루션을 하면서 독서를 주로 하는 사람들이 많다. 독서가 중요한 것은 당신이 그렇게 바라는 세계 여행을 지금 있는 자리에서 언제든지 할 수 있기 때문이다. 책은 직접 가볼 수 없는 오지와 미지의 세계까지 탐험하게 해준다. 잘만 고르면 책이 인생을 완전히 뒤바꿀 수도 있다. 새벽과 아침은 고요하기에 저자의 목소리를 더 잘 들을 수 있다. 우리는 독서를 통해서 어디든지 갈 수 있다. 독서는 정신을 자극하고 두뇌 근육을 발달시키는 일종의 운동이다. 독서를 많이 하면 언어 능력이 향상되어 외국어도 남들보다 쉽게 습득할 수 있다. 머리가 맑은 아침에 책을 읽으면 책의 내용들을 시각화하여 좀 더 생생하게 체험할 수도 있다. 그런 이미지들이 실제로 다른 세상을 경험해보고 싶은 욕구를 불러내어 여행을 떠나게 한다. 가상 시뮬레이션이다. 86세의 네이딘 스테어는 독서를 통해서 삶을 최대한 많이 경험하고 세상을 여행하라고 충고한다. 삶의 끝에서 쓴 글이라 더욱 공감이 간다.

만일 내가 다시 태어난다면 실수도 더 많이 해보리라.
만일 내가 다시 태어난다면 여유를 갖고 느긋하게 살리라.
만약 내가 다시 태어난다면 여행을 하면서 보다 더 바보처럼 살리라.
만약 내가 다시 태어난다면 심각하게 생각하는 일은 줄이고 기회를 더 만들어 여행도 더 많이 하고, 더 많은 강을 찾아다니고, 등산도 더 많이 하리라.

위 글은 미처 경험해보지 못한 것들에 대한 후회와 아쉬움을 담고 있다. 세상 곳곳을 보고 경험하고 즐기기에 우리의 삶은 너무 짧다. 하지만 독서를 하다 보면 시간에 구애받지 않고 세상을 여행하며 다양한 간접경험을 쌓을 수 있다. 게다가 뛰어난 저자들과 만남을 갖고 자극을 받을 수도 있다. 아침 독서는 잠재의식이 아주 좋아하는 일이다. 새로운 생각을 불러일으키는 독서는 다양한 사람들의 관점을 긍정적으로 받아들이게 해주고, 하루를 살 수 있는 연료가 되어준다. 꼭 세계 여행을 직접 떠날 필요는 없다. 가보고 싶은 나라와 장소를 다녀온 사람들의 여행기를 읽고 그들의 경험을 자신의 것으로 내면화하면 된다. 독서 인문학 여행을 하는 모임들도 많다. 그런 커뮤니티에서 함께 책을 읽고 여행도 다닌다면 더욱더 풍성한 하루하루를 살게 될 것이다.

감정을 종이 위에
다 펼쳐놓기

미라클 솔루션을 할 때 가장 신경 써야 할 부분이 감정이다. 인간의 행동 동기는 모두 감정에서 온다. 만약 감정이 고양되고 즐거우면 아침에 일어나는 것이 즐거워서 벌떡 일어나게 된다. 그러나 감정적으로 고통스럽고 힘든 날이면 아침에 일어나는 것도 힘들다. 감정을 피하려고 숨겨두기만 하면 언젠가는 마주하지 못한 감정이 터져 나와서 더 큰 고통을 일으킨다. 기분 좋은 때에는 무엇이든 다 좋다. 기분이 안 좋을 때 대응 방법을 알고 있지 않으면 습관이 무너진다. 감정을 종이 위에 적고 객관적으로 바라보자. 종이에 매일 감정을 기록하면 미라클 솔루션 습관을 보다 효과적으로 지속할 수 있다. 감정은 누군가에게 털어놓고 객관적으로 바라보아야 사라진다. 나를 믿어주고 지지해주는 친구에게 털어놓거나 반려동물에게 털어놓아도 좋다. 삶에서 힘든 일이나 어려운 일이 있으면 적극적으로 표현하고 도움을 청해야 한다. 하지만 곁에 들어줄 사람이 없을 때에는 종이와 펜이라는 간단한 도구를 사용하자. 매일 아침 미라클 솔루션을 할 때 현재 자신의 감정 상태가 어떤지 물어보라. 머리에 떠오른 생각들을 종이 위에 적으면 명료하게 볼 수 있어 지금 자신이 느끼는 감정을 객관적으로 마주할 수 있다.

감정을 피하려고만 하면 감정 이면에 있는 소중한 교훈을 놓치게 된다. 감정은 우리가 살아가는 데 아주 중요한 친구다. 그 친구가 평온한 상태를 유지할 수 있도록 늘 관심을 기울이고 적절히 다스려야 한다. 여기에서는 어떻게 하면 감정을 잘 다스릴 수 있는지 7단계 방법을 제시한다.

〔감정을 다스리는 7단계〕
- **1단계** : 지금 느끼는 감정의 실체를 종이 위에 적는다.

- **2단계 :** 모든 감정을 친구로 여기고 자신에게 도움이 된다고 여긴다.
- **3단계 :** 감정이 나에게로 와서 행동하게 해준 중요한 신호라고 여기고 감사한다.
- **4단계 :** 감정이 주는 의미에 관심을 둔다.
- **5단계 :** 의미가 무엇일지 브레인스토밍하며 미라클 솔루션 노트에 적는다.
- **6단계 :** 자신감을 가지고 지금 즉시 감정을 바꾸어 행복해지기로 결심한다.
- **7단계 :** 지금은 물론이고 앞으로도 감정들을 잘 다스리겠다고 다짐한다.

스트레스를 없애는 방법 중 가장 손쉬운 방법이 종이에 감정을 적어보고 일기를 쓰는 것이다. 많은 정신과 교수들과 심리학과 교수들, 심리상담사들이 감정을 이기는 방법을 제시했는데 그중 가장 첫 번째가 노트에 적기였다. 문자는 감정을 객관화시킨다. 느끼는 감정을 글로 적는 것만으로도 그 감정을 통제할 수 있다. 감정을 스스로 지배하지 않으면 감정에 통제당하게 될 것이다. 베스트셀러 『시

크릿』에서도 "나는 내 감정을 통제할 수 있어"라고 자주
말하고 그것에 대해 명상하라고 한다. 매일 일기장에 '나는
내 생각과 감정을 통제하는 주인이다'라고 써보자. 감정을
평온하게 가라앉히고 미라클 솔루션에 집중할 수 있는 아
침이 늘어날 것이다.

매 순간이 기적

M Meditate 명상하라

I Imagine 상상하라

R Read 독서하라

A Affirm 확언하라

C Clean 청소하라

L Learn 배우라

E Exercise 운동하라

S Scrawl 쓰라

신은 이 여덟 가지 도구를 여러분 모두에게 주었다. 만
약 어떤 사람이 이 여덟 가지를 매일 실천하고 있다면 그는
틀림없이 행복한 사람이다. 왜냐하면 세상의 모든 성현들

이 말한 것을 실천하고 있기 때문이다. 이 여덟 가지 기적의
도구들을 실천하는 데에는 많은 시간이 걸리지 않는다. 단
1초만 있어도 할 수 있다. 제자리에서 점프 1초, 운동 1초,
명상 1초, '할 수 있어'라는 긍정 확언 1초, 글 읽기 1초, 감
사 쓰기 1초, 휴지 던지기 1초, 미래 상상 1초, 이런 식으로
매일 자신을 위한 미라클 솔루션을 실천하면 그것이 습관
이 된다. 이 습관이 자리 잡으면 몸에 안 좋은 것들은 자연
스럽게 끊게 된다. 음주 습관, 흡연 습관, 야식 먹는 습관, 불
평하는 습관, 비관적인 생각을 하는 습관, 일을 미루는 습관
등을 많은 부분 개선할 수 있다.

　혼자서는 작심삼일로 끝나기 쉽다. 인간의 의지는 그만큼
강력하지 않기 때문이다. 멘토 혹은 커뮤니티와 함께 서로
이끌어주고 격려해주고 지지해주고 손을 잡아주고 안아주
고 교류해야만 이 모든 기적을 체험할 수 있다. 모든 사람들
이 성공하길 원한다. 진정한 성공, 이상적인 삶을 꿈꾼다. 그
러나 자기계발을 위해 아무리 애써도 그것이 무엇인지 잘
모르겠다면 먼저 실천한 사람들을 만나보라. 많은 이들이
매일 아침 일찍 일어나서 이 미라클 솔루션을 실천하며 놀

라운 변화를 이뤄가고 있다. 그들과 함께 기적의 습관들을 지속하여 잠재의식을 변화시키고 인생의 근본적인 변화를 이루기 바란다.

많은 뇌과학자, 의학 분야 종사자들이 '잠재의식이 삶의 많은 부분을 지배하며, 잠재의식을 변화시킬 수 있는 것은 반복'이라고 했다. 단 한 번의 실천으로 변화를 얻고자 한다면 그것은 욕심이다. 잠재의식을 바꾸겠다고 마음먹고 매일 꾸준히 실천해보자. 1분만 투자하면 어떤 목표라도 다 성공시킬 수 있다. 수많은 사람들이 실천하고 있는 여덟 가지 MIRACLES 습관은 매우 강력하다. 이 습관을 실천하면 의식이 성장하고 부유함과 풍요로움이 저절로 찾아올 것이다. 삶을 여유롭고 건강하고 행복하게 만들어줄 것이다.

한국 미라클 모닝 카페는 회원이 되고자 하는 이들에게 "왜 아침 일찍 일어나서 자기계발을 하고 싶습니까?"라고 물어본다. 많은 이들이 "자신과의 시간을 더 가지고 싶어서, 주도적인 삶을 살고 싶어서, 자신과의 시간을 좀 더 가지고 싶어서"라고 대답한다. 모두들 자신과의 시간이 필요한 것이다. 이 책에 소개한 미라클 솔루션의 여덟 가지 습관을 통해 그토록 바라던 자신과의 시간을 온전히 누리기를 바란다. 나는 왜 사는가, 나는 왜 성공해야 하는가, 나는 누구인가, 자신에게 본질적인 질문을 던지고 그 답을 찾아보기를 바란다.

나는 미라클 솔루션 습관을 통해 어떤 것에도 흔들리지 않는 건강하고 행복한 삶을 얻었다. 매 순간 기적을 경험하고 있다. 미래에 대한 불안함을 안고 살아가는 많은 이들에게 내 경험을 나눠주고 싶어 이 책을 쓰게 되었다. 이 여덟 가지 기적 습관이 전 세계에 알려져 모두가 더 좋은 환경, 더 성공적인 삶을 누리게 되기를 간절히 바란다.

마지막으로 세상의 리더들은 다음에 열거하는 단어들을 공통적으로 사용한다. 하나씩 읽다 보면 마음이 따뜻해지고 새로운 기운이 올라오는 걸 느낄 수 있을 것이다. 그 단어들을 하나씩 읽고 마음에 새기며 자신의 삶을 향해 질문을 던지고 답을 찾아가자. 그리고 그 여정을 인도하는 가장 좋은 방법인 미라클 솔루션을 실천해보자.

Epilogue

•

아침, 새벽, 사랑, 감사, 기쁨, 가족, 친구, 이웃, 우정, 집단, 에너지, 공동체, 기여, 헌신, 나눔, 베풂, 추억, 즐거움, 감동, 애정, 배려, 세상에 영향력, 긍정, 편안함, 건강, 성공, 부, 풍요, 에너지, 공부, 배움, 청소, 미니멀리즘, 버리기, 온기

미라클 솔루션 후기

30대 여성 사업가 디자이너

육아, 경단녀에서 사업가로 변신

저는 갑작스러운 아버지의 죽음으로 인한 충격, 그로 인해 회사에서도 힘겨워했고, 아이가 생기면서 하게 된 결혼과 두 아이의 출산과 육아로 인해 산후우울증까지 더해져 10년 넘게 불행의 터널 안에서 시달렸습니다. 명문대와 대기업의 이력을 쉽사리 내려놓지 못하고, 어린 두 아이를 곁에 끼고 자아를 찾으려고 발버둥을 쳤습니다. 자신을 계속해서 우울의 구렁텅이에서 허우적거리게 했습니다. 시어머니의 간섭과 남편의 기대, 육아는 숨이 턱턱 막힐 정도로 무기력하게 만들었고, 무엇보다 매년 찾아오는 아버지 기일 즈음엔 슬픔 속에 빠져 울면서 보낸 날들이 웃는 날보다 더 많았습니다. 운동을 좋아했지만, 기초체력이 바닥났고, 침대에서 무기력하게 보내는 날이 더 많았습니다. 두 어린아이들을 함께 돌보면서 정신마저 바닥에서 벗어나지 못했습니다. 시어머님 간섭으로 시작되는 남편과의 불화는 우는 것밖에 할 수가 없었습니다. 하늘을 보며 돌아가신 아버지가 계신 곳에 빨리 데려가 달라고 눈물 흘리며, 빌고 또 빌었습니다. 가난한 저의 생각은 현실의 가난에서 벗어나지 못했고, 생활비를 타서 쓰는 저의 경제관념을 원망하기도 하였습니다. 답답함이 반복되는 일상에 책은 저의 친구가 되어주며, 위로와 위안이 되어주었지만, 그것마저도 아주 잠시뿐이었습니다. 늘 공허하고 금방 잊히는 책들은 쌓여만 갔습니다. 어릴 때부터 문학 소설 독서광에서 자기계발서 안에서 답을 찾으려고 했습니다. 그때 제 눈에 들어온 책 하나가 저의 삶을 180도로 바꿔 놓았습니다. 그렇게 가입한 자기계발 카페에서 몇 날 며칠을 살펴만 보다가 용기를 내어 감사일기를 시작했습니다. 함께 나누는 글이 위로가 되었고, 제게 위로를 전해준 많은 회원분들의 그 따뜻한 마음을 저도 또 다른 분들에게 전하고 싶었습니다. 누가 시키지도 않았는데 다른 분들의 미라클 솔루션을 조금씩 따라서 해보기 시작했습니다. 새벽 기상은 너무 많은 새로운 세상을 제게 선물해 주었습니다. 제가 내려놓고 끝이라고 생각했던 저의 재능에 더 깊숙한 잠재능력을 발휘할 기회를 기적처럼 맞이 할 수 있게 해주었습니다. 문제는 자신의 재능에 대한 자신 없음의 무기력과 슬픔의 그림자가 종종 찾아올 때면 며칠을 몸살 걸린 것처럼 아팠고, 우울 속에 함께 공존했던 편두통과 함께 저를 엄습해 왔습니다. 산책을 해봤습니다. 몸을 움직이니 무엇보다 머리가 맑아져 좋았고, 자연 속에서 저절로 치유되는 기분이 들었습니다. 아침기상은 자동으로 눈이 떠지는 좋은 습관이 되었는데, 다른 분들의 운동하는 모습을 격려하고 부러워만 했던 저에게 두통으로 아픔의 시간을 가끔 맞이하다 보니 밖으로 뛰어나가 달릴 수 있는 용기로 바뀌게 되었습니다. 겨울 운동은 따뜻한 봄이 되면 다시 하는 것으로만 여겼던 어리석은 생각들을 추운 날에도, 눈이 내리는 날에도 뽀득거림의

촉감을 느끼며, 감사히 달릴 수 있게 하는 힘을 길러 나가게 되었습니다. 감사일기로 마음에 근육이 붙었다면, 운동은 몸과 마음의 근육을 더 단단히 해주는 큰 힘을 만들어 주었습니다. 슬픔 날보다 웃는 날이 너무 많아서 행복하고 세상마저 아름답게 보입니다. 저의 사업은 잘되어 가고, 아이들 육아학습에도 신경 쓰며, 만족스러운 하루를 감사히 맞이하고, 정성으로 보내고 있습니다. 어머님도 남편도 어느새 저를 존중해주며 지지하고 응원해주는 조력자가 되어주었고, 세상 마음 편한 날이 언제 또 있었나 싶을 정도로 하루하루가 평안하고 행복합니다. 주변 사물에서 느끼는 일상의 사소함이 진정한 감사함으로 느끼고 보이게 되면서, 감사일기의 형태가 바뀌게 되었고, 저의 글을 읽고 힘을 낸다는 분들의 연락을 따로 받기도 하였습니다. 마음 따뜻한 귀인분들과 함께 힘을 내고 서로의 여정을 지지하고 응원하고 축복하며 뜻깊은 하루하루를 보내고 있습니다. 사업가로서 공부를 소홀히 하지 않고, 내려놓았던 교수의 꿈을 위해 동이 떠오르기 전 기상하여, 조깅하고, 명상하고, 책을 읽고, 글을 쓰고, 공부하고, 감사일기를 기록하며, 아침을 맞이하고 있습니다. 업무의 효율과 전공 분야의 더 깊고 넓은 학습, 육아와 경제적 자유로 이어지는 미라클 라이프를 스스로 즐겁게 만들어 가고 있습니다. 살아생전 지지해 주시고 응원해주셨던 아버지의 사랑 느끼며, 다시 일어서 달려나가는 금쪽같은 자식을 웃으며 꼭 지켜봐 주시기를 믿으며, 이제는 하늘을 보며 미소 짓습니다. 세상의 아름다움을 느낄 수 있어 감사하고 있습니다. 감사합니다.

평범한 전업주부에서 사업가로 변신한 40대 후반 여성

미라클 솔루션 이후 바뀐 나의 삶

저는 2017년 1월 13일부터 미라클 솔루션을 하고 있습니다. 만 4년을 넘겼네요. 육아와 외로움, 생활고에 너무 지쳐 있었어요. 둘째가 한쪽 눈이 보이지 않는 장애를 갖고 태어났습니다. 원인을 모르는 선천성이라지만, 엄마로서 죄책감에 마음이 괴로웠습니다. 남편은 주말과 휴일 없이 일했고, 수입이 넉넉지 않아 빠듯한 살림살이를 해야 했습니다. 그래서 더욱 내 일을 갖고 싶었습니다. 돈을 벌고 싶었지만, 그 방법을 몰랐습니다. 마음이 널뛰고 늘 괴로웠습니다. 그 무렵 나는 가난하다는 생각에 사로잡혀 있었습니다. 자신을 사랑하는 방법도 몰랐습니다. 남편의 눈치를 보고 사는 것 같았습니다. 그 사람에게는 사랑이 내게는 간섭과 집착처럼 느껴졌습니다. 그러다 우연히 책 한 권을 접하고 카페에 가입했습니다. 눈을 뜬 후 기상일지를 쓰면서 카페에 공유했습니다. 108배부터 시작했습니다. 일지를 쓰면서 카페 회원들과 함께 지지해 주면서 지속할 수 있었습니다. 카페에 공유된 명상에 대한 정보가 많아 명상을 쉽게 접할 수 있었어요. 새벽에 명상과 확언, 감사일기 등을 매일 실천하면서 조금씩 변화가 시작되었습니다. 어둠 속에서 기상 시간을 찍고 바로 감사 일기를 씁니다. 늘 살아 있어서 감사합니다로 시작하지요. 좋다는 건 앵무새처럼 다 따라 했습니다. 어느새 정말 살아 있어서 감사하고, 생활 속에서 감사하는 마음이 저절로 생겨나더라고요. "뒤로 넘어져서 코가 깨져도 감사하다. 그래서 감사하다." 매일 새벽 수행하는 8가지 기적 습관은 어떤 어려움에도 당황하지 않고 있는 그대로 상황을 볼 줄 아는 마음의 힘을 키워 주었습니다. 매일 하는 미라클 솔루션 덕분에 온전히 나를 바라볼 수 있었습니다. 열등감 덩어리에 늘 남 탓만 하는 불행 코스프레 찌질이 할 수 있는 게 없었던 제가 지금은 온라인에서 건강한 먹거리를 판매하는 사업가로 변모하였습니다. 하루하루가 행복하고 충만합니다. 매일 새로운 도전과제와 가능성에 가슴 뛰는 삶을 살고 있습니다. 5년 전 미라클 솔루션을 접하지 않았다면, 오늘의 저도 없었을 거예요. 기적을 만드는 미라클 솔루션에 감사합니다.

37세 전문직 워킹맘

만성피로를 극복하고 삶의 활력을 찾다

저는 둘째를 낳고 체력이 너무 떨어져 만성피로 상태였습니다. 회사 갔다 오면 너무 피곤해서 아무것도 할 수가 없었습니다. 그리고 눈 통증이 너무 심해서 힘들었습니다. 체력적으로 정신적으로 너무 힘들었는데 많이 자도 많이 먹어도 해결 되지가 않았습니다. 그래서 2020년 4월쯤인가 운동을 해야겠다 결단했고 아침에 일어나자마자 나가서 그냥 아파트 주변을 걸으며 운동을 시작했습니다. 건강해진다. 눈이 좋아진다. 중얼거리며 아파트 주변을 걸었던 거 같습니다. 그러면서 눈 통증이 점차 사라지고 체력도 조금씩 좋아졌습니다. 그래서 아침에 책을 읽을 수 있을 것 같다고 느꼈고 그러다 켈리 최 회장님이 쓴 100일 독서 끈기 프로젝트를 시작했고, 책을 읽어야 하는데 시간이 없었고, 그래서 그때부터 본격적으로 아침부터 일찍 준비하기 시작했던 것 같습니다. 그리고 작가님을 알게 되어 작가님이 아침에 하시는 수행들을 보며 자극도 받고 주말에 쉬고 싶은데 작가님이 꾸준히 계속 똑같은 시간에 일어나야 한다는 말에 주말에도 일찍 일어나고 하면서 계속 아침기상을 실천 할 수 있었던 것 같습니다. 아침에 일찍 일어나기 시작하면서부터 정말 많이 변화하였습니다. 가장 큰 것은 나만의 시간이 생겼다는 것 같습니다. 출근 전까지 3시간이나 나만의 시간이 생겼습니다. 그 시간에 요즘은 일어나자마자 108배 하고 감사일기를 쓰고 확언을 하고 독서를 하고 탄천에 나가 달리기를 합니다. 이렇게 미라클 솔루션을 하면서 삶이 진짜 180도 변했습니다. 정말 다 좋아졌습니다. 마음이 변했고 건강해졌고, 책들도 2020년에 정말 좋은 책들을 너무 많이 만나 거의 다시 개조된 수준입니다. 가장 큰 장점은 자신감, 절실함이 생긴 것 같습니다. 일찍 일어나서 시간이 생기니 그 시간에 무엇이든지 할 수 있다는 자신감이 생겼고 캄캄한 새벽에 더 자고 싶은 마음을 이겨내고 침대 밖으로 나와 자기계발 시간을 가지면서 내 꿈에 절실함이 생긴 것 같습니다. 꼭 이루고 싶고 나도 뭔가 하고 싶고 새로운 삶을 살고 싶고 늦게 일어났을 때와는 다른 절실함이 입시생도 아닌데 생기게 됩니다. 그리고 스스로 내가 하는 행동을 보며 기특하고 나를 더 사랑하게 되는 것도 같습니다. 전 진짜 내가 너무 대견하고 그런 내가 또 너무 감사하고, 달리고 나면 정말 세상 다 가진 거 같은 성취감을 막 느끼며, 너무너무 행복해집니다. 계속 이러다 보면 이런 감정들에 중독되는 것 같고 이런 좋은 감정을 계속 느끼고 싶어지는 것 같습니다. 2021년에는 정말 많은 일을 해내고 싶습니다.

40대 후반 여성 사업가(학원 운영 프랜차이즈 대표)

미라클 솔루션은
진짜 나를 찾아가는 과정이었다.

2019년 4월 29일 시작한 미라클 솔루션 어느새 636일이 지나고 있다. 20년간의 결혼생활은 생존을 위해 달려온 시간이었고, 오뚝이처럼 힘을 내고 또 힘을 내어온 나였지만 사춘기 아이들의 방황은 겨우 견뎌온 내 마음을 무너뜨릴 만큼 큰 소용돌이가 되었다. 더 이상 내려갈 수 없는 마음의 바닥을 친 나는 오히려 다 내려놓을 수 있어서 마음이 편했다. 그래서 처음부터 다시 시작하자는 마음으로 우리 가족이 행복할 방법을 찾기 시작했고, 그렇게 만나게 된 것이 미라클 솔루션과 독서였다. 처음 미라클 솔루션 습관이 잡힐 때까지 쉽지 않은 시간을 보냈지만, 이제는 미라클 솔루션을 하는 시간이 나만의 힐링의 시간이 되어 하루도 빼놓을 수 없는 일상이 되어가고 있다. 미라클 솔루션을 시작하고 나의 주변 환경이 극적으로 달라지지는 않았지만, 가장 큰 변화는 나 자신이다. 미라클 솔루션을 하면서 만난 좋은 에너지를 가진 사람들과 매일 독서를 하고, 명상하고, 글을 쓰면서 나는 숨어있던 나의 모습을 하나씩 보게 되었고, 무엇이든 실행하는데 용기를 더욱 낼 수 있게 되었다. 물론 이것은 나의 스승 엄 작가님의 과감함과 실행력을 보면서 더욱 커졌고, 앞으로도 더욱 커질 것이라 기대된다. 이렇게 좋은 에너지를 가진 사람들과 함께하며 무엇이든 해낼 수 있다는 긍정적인 마음을 갖기 시작하면서 그 어떤 어려움이 닥쳐도 그것을 극복하고 그보다 강해질 수 있다는 마음이 자리 잡아가고 있다.

지난 1년 9개월 동안 기적과 같은 일들이 많이 일어났다. 이 기적들이 쌓여서 올해는 더욱 큰일이 벌어질 것 같다는 설렘이 생긴다. 오현호 작가와의 숲속 워크샵 후 난 기적처럼 엄남미 작가님과 동우신과 함께하는 독서모임을 시작하게 되었고, 엄 작가님의 용기 있는 행보를 보며, 무엇이든 도전해보겠다 마음을 먹었다. 그 후 함께 만들었던 미맵의 나의 소원들은 하나씩 이루어져 가고 있다. 책을 쓰겠다고 결심을 하고 그와 관련된 강좌를 찾아다니고 꾸준히 글을 쓰고 수정하는 노력을 아끼지 않았다. 바쁜 일과와 부족한 시간은 미라클 솔루션이 해결해 주었고, 내 일에 집중을 하고 책을 쓰면서 나는 나 스스로를 치유해 가고 있었고, 그 많았던 아쉬움과 미안함과 분노와 슬픔들은 모두 나 자신과 주변 사람들에 대한 사랑으로 바뀌어 가고 있었다. 이전보다 더 바빴지만, 아이들에게 미안하지도 않았고 아이들이 불안하지도 않았다. 내가 나를 찾아갈 수 있듯이 아이들도 자신들의 길을 찾아가리라는 생각에 가족의 대화에는 존중과 사랑이 조금씩 커가고 있었다. 나의 기적은 엄 작가님이 만들어 주신 것 같다는 생각을 해본다. 2020년 나의 최고의 기적은 엄남미 작가님과 마스터마인드 그룹이었다. 하나씩 원하는 것들을 이루고 조금씩 나아지는 나 자신을 보는 지금 이 순간 나는 정말 행복한 사람이 되어가고 있다. 그렇게 나는 책을 쓰고 출판 계약도 하고, 꾸준히 달리면서 나의 한계를 조금씩 뛰어넘고, 사업 확장을 위한 미맵을 여러 차례 하면서 자연스레 수정을 반복해 가면서, 실행 가능성을 계속 높여가고 있다. 2020년 코로나로 상황이 좋지 않았지만, 잘 유지해 왔고 지금 준비하고 있기에 코로나의 끝에는 봇물 터지듯 사업의 확장이 술술 되어갈 것이라는 확신이 생긴다.

지금 상황이 엄청나게 크게 달라진 것은 없지만, 어떤 상황 속에서도 흔들림 없이 준비하고 나의 속도를 유지하고 있다는 것은 미라클 솔루션을 하는 나이기에 가능한 일이라고 생각한다. 이렇게 준비된 여러 섹터의 나의 작업이 가장 적절한 시기에 함께 크게 작용할 것이라 굳게 믿는다. 지금 나는 매일 목표를 향해 벽돌을 매일 하나씩 단단히 쌓아 올리고 있고, 어떤 시련이 와도 포기하지 않을 것이며, 끝까지 해낸 나 자신을 눈앞에 생생히 그려본다. 미라클 솔루션을 지속할 수 있게 힘을 준 마마연 가족들에게 감사하며 20년 뒤 모두 이룬 마마연과의 만남 또한 생생하게 그려본다. 이미 우리의 꿈은 현실이 되었기에.

취업에 성공한 20대 직장인

취업준비를 성공적으로 마치다

2017년 대학 졸업 후, 미래에 대한 불안과 두려움으로 하루하루를 살았습니다. 뭔가 인생에 변화가 필요한 시점이었습니다. 그때, 기적과 같이 미라클 솔루션 책을 읽게 되었고, 카페에도 가입하게 되었습니다. 엄남미 작가님의 응원과 조언에 힘입어 매일 미라클 솔루션 루틴과 타임페이지를 썼습니다. 그러자 하락했던 자존감과 자신감이 조금씩 높아져 갔습니다. 매일 에너지 넘치는 분들 속에 있으니 저의 에너지도 덩달아 높아져 갔습니다. 그리고 정말 놀랍게도 제 인생에 기적 같은 일들이 일어났습니다. 간절히 취업을 원하던 직장이 있었습니다. 100일간 100번 쓰기(70일 정도 썼습니다). 확언과 시각화를 하며 꼭 그 직장에 가야겠다고 다짐했습니다. 직접 현직자를 찾아가서 인터뷰하는 등의 노력을 했으나 최종 면접에서 탈락했습니다. 모든 걸 접고 공무원 준비를 하던 때, 원하던 직종은 아녔지만 다른 직종으로 봤던 면접에서 합격했다는 소식을 접했습니다. (목표를 정할 땐 직종까지도 구체적으로 적는 게 중요함을 깨달음) 결국 돌고 돌아 원하던 직장에 취업하여 현재도 잘 다니는 중입니다. 김승호 회장님 책을 읽고, 회장님을 꼭 뵙고 싶었습니다. 너무 만나 뵙고 싶어 회장님 인스타그램을 팔로우하며, 만날 기회가 있으면 다 찾아가려 했습니다. 그 결과 무려 2번이나 김승호 회장님을 만났습니다. 첫 번째 만남은 게릴라 강의였고. 두 번째 만남은 스노우폭스플라워 선릉역점에서였습니다. 운 좋게도 두 번째 만남에서는 회장님 바로 옆자리에 앉아 궁금한 것도 직접 물어보고 함께 사진도 찍는 기적 같은 경험을 했습니다. 주원홈트 챌린지에 도전하여 한때 60kg까지 나갔던 몸무게를 52kg까지 감량할 수 있었습니다. 다이어트 내내 챌린지 1등을 하는 시각화를 병행하였는데, 정말 1등을 하게 됐습니다. 그래서 운동 인플루언서 주원님과 만나 1:1pt도 받는 소중한 경험도 할 수 있었습니다. 마스터마인드 연합의 힘, 한미모 카페 리더, 엄남미 작가님을 비롯하여 한미모 카페 회원들의 모임인 마마연. 삶에 대한 열정과 의욕이 가득한 사람들과의 만남은 저에게 새로운 활력을 주었습니다. 모든 분을 롤모델로 삼을 수 있었고, 그들의 생각과 가치관을 공유하는 뜻깊은 시간에 감사했습니다. 취업 후에는 직장생활을 한다는 핑계로 미라클 솔루션을 하는 것에 소홀해졌습니다. 현재는 직장에 어느 정도 적응하여 다시 미라클 솔루션을 하고 있습니다. 신기한 건 다시 시작한 뒤, 엄남미 작가님의 후기 요청을 부탁받았다는 것입니다. 미라클 솔루션은 기적을 불러오는 가장 쉽고 빠르고 확실한 방법이라는 것을 다시금 실감했습니다. 저의 삶을 바꿔준 엄남미 작가님, 회원님들께 감사의 인사를 드립니다. 정말 감사합니다.

50대 여성 초등교사

스트레스와 삶의 무게가
풍요로운 행복으로 바뀌다

새벽 고요한 몰입의 시간에 미라클 솔루션을 합니다. 처음에는 1분씩 아주 작게 시작했습니다. 명상하고, 기도하고, 시각화하고, 감사일기를 쓰고, 확언을 쓰고, 간단한 스트레칭이나 산책을 하고, 독서를 합니다. 나의 삶을 변화시킨 습관입니다. 위축되어 있고 소심한 사람이었고 타인과 늘 비교하고 부정적인 일을 생각하고 곱씹으며 미래에 대한 걱정과 불안이 꼬리를 물고 소용돌이치며 예민한 사람이었습니다. 저에게 직장은 생계를 위한 곳이었습니다. 직장맘이라는 삶의 무게로 피곤하고 힘들 때가 많았습니다. 교사라는 직장생활도 해가 갈수록 스트레스와 업무가 늘어납니다. 하루하루 내게 주어진 삶의 무게를 열심히 버텨내는 힘든 시절이었습니다. 40대 후반 걱정과 두려움의 밑바닥에서 미라클 솔루션을 알게 되고 실행해보며 변화된 점은 나 자신과 내게 주어진 상황을 있는 그대로 인정하고 받아들이며 감사를 찾다 보니 내게 감사할 것들이 정말 넘치게 많다는 것을 깨닫게 되었습니다. 긍정의 에너지와 힘이 점점 올라오는 것을 느꼈습니다. 나 자신을 사랑하게 되고 기분 좋아지는 방법을 찾게 되며 나는 뭐든지 할 수 있다고 자신을 북돋으니 자존감이 높아지고 생각에 추진력이 생깁니다. 내가 바라는 것들이 이루어진 모습을 상상하며 이 모든 것은 최상의 선을 위해서라는 생각은 아무런 대가 없이 타인을 돕겠다는 생각으로 이어집니다. 교사로서 동료와 아이들을 귀한 선물이라고 생각하게 됩니다. 매일 축복하고 감사하며 주어진 시간에 마음을 다합니다. 회피하는 일도 기쁜 마음으로 하게 됩니다. 새로운 업무도 성장의 기회로 생각하게 되는 긍정적인 변화가 옵니다. 미라클 솔루션을 좀 더 일찍 알았더라면 싶어 아이들과 함께 긍정 확언과 감사일기와 시각화를 해봅니다. 아이들이 자신감을 느끼고 성장하며 자신을 사랑하는 사람이 되길 바랍니다. '나'를 이해하고 돌보는 시간과 에너지가 나를 성장시키고 확장하며 활력을 주었습니다. 미라클 솔루션은 실제로 기적의 선물을 줍니다. 기분 좋은 것들, 바라는 것들에 주의를 기울이니 마음이 활짝 열리고 기쁘고 풍요롭고 행복한 상태가 됩니다.

▶ **30대 후반 헤어 디자이너**

1. 밤늦게 야식을 먹거나 쓸데없이 시간을 보내는 시간이 없어졌다.

2. 운동을 꾸준하게 매일 하게 되었다.

3. 좋은 긍정에너지를 가진 분들을 많이 알게 되었다.

4. 한 사업장의 지도자가 되었다.

5. 꿈에 그리던 살롱을 오픈하게 되었다.

6. 우유부단하고 자신 없는 모습이 자취를 감췄다.

7. 목소리가 커지고 또렷해졌다.

8. 어려운 순간에도 낙담하지 않고 이겨낼 힘을 얻고 있다.

9. 나를 더 신뢰하고 사랑하게 되었다.

10. 타인을 더 포용하고 이해하고 인정하게 되었다.

▶ **40대 중반 프리랜서**

1. 주변에 신기한 인연들이 다가오고 꿈의 크기가 더욱더 확장되었다.

2. 상상도 못 한 만남과 사회의 최고 전문가들만 만나서 감사하다.

3. 에너지가 떨어지지 않아서 주파수가 최고라서 매일 감사하다.

4. 전에는 매일 걱정에 먹고 술 마시고 나쁜 습관을 지속했는데 다 끊

어버릴 수 있었다.

5. 최고의 에너지로 매일을 사니 삶이 신나고 즐겁고 매일이 소풍 같다.

6. 나에게 해가 되는 것은 미리 명상으로 다 보이기 때문에 다 끊어내
어 안 좋은 일이 오는 것을 미리 막는 선견지명이 생겼다.

7. 예전에는 나만 알던 이기주의자였는데 지금은 다른 사람을 먼저 배
려하게 되었다.

8. 밤에 술, 야식, 해롱해롱, 늦게까지 아무런 의미 없이 보내고 있지
않아서 좋다.

9. 친구와 삶의 중요한 가족들과 사회에 이바지하는 중요한 일을 하고
있어 감사하다.

10. 감각의 쾌락 습관, 몸을 게으르게 하는 습관들을 다 끊었다.

▶ 30대 헬스클럽 대표

(한 개의 체인점에서 미라클 솔루션 후 5개로 늘림)

1. 책을 한 달에 1권도 안 읽던 내가 책을 읽게 되었다.

2. 부정적인 사고와 비판적인 사고의 내가 완전 180도 탈바꿈되었다.

3. 마음만 먹으면 뭐든 된다는 확신이 서게 되었다.

4. 나를 좋아하고 따르는 사람이 생겼다.

5. 감정소비를 하지 말고 뜻이 맞는 사람들을 찾아서 같이 시너지를 내
도 되겠다는 것을 알았다.

6. 생각해보니 내가 원하는 삶을 살고 있다. (소름)

7. 나의 10년 전 그토록 원하는 나의 미래가 지금 현실이 되었다. 나는 다시 그토록 원하게 꿈을 갈망해야겠다.

8. 이제는 이 사람이 나에게 에너지를 앗아가는지 같은 한 배를 탈 수 있는지 알게 되었다.

9. 사람 관계를 맺을 때도 스트레스를 받지 않게 되었다. 그 사람은 원래 그런 사람이라는 것을 인지하게 되었다.

10. 괜한 곳에 쓸 에너지를 많이 아껴 오로지 나에게 집중하는 법을 배웠다.

▶ 28세 취업준비생

1. 여유로움, 행복함, 산뜻한 출발, 새로운 시작, 긍정적인 마인드가 생겼다.

2. 아침의 여유로운 시간이 제일 좋았습니다.

3. 아침부터 여유롭게 루틴을 하면 긍정적으로 하루를 시작할 수 있기 때문입니다.

4. 새벽 5시 기상이 가장 최고의 결단입니다.

5. 일찍 일어나면서 그만큼 여유가 생겼습니다.

6. 아침부터 명상하고 운동도 하고 하고 싶었던 걸 하니까 긍정적인 마인드가 생기고 있습니다.

7. 아침마다 명상으로 마음을 다스리고 확언과 스트레칭 등 계획한 루틴을 하게 되었습니다.

8. 일찍 일어나 스트레칭과 독서로 하루를 열게 되었습니다.

9. 독서를 많이 하게 되었고 독서를 함으로써 지식이 쌓이고 성장하는 것을 느꼈습니다.

10. 독서를 함으로써 어제의 나보다 달라지는 나를 느낍니다.

▶ 미술 대학원 준비 중인 28세 여성

1. 내가 슬럼프나 무기력증에 빠지더라도 다음날 바로 새벽 기상을 할 수 있다는 확신과 자신감에 감사합니다. 부정적인 것에서 빨리 탈출할 수 있습니다.

2. 아침 자기계발서, 긍정 확언 책을 읽으니 하루의 태도가 바뀌는 것에 감사합니다.

3. 어느 정도 루틴 → 습관 생기니, 하기 싫었던 것도(자격증 공부) 잡생각 없이 바로 시작합니다. 아침에 하기 싫은 일을 30분이라도 하니 이게 쌓여 벼락치기 공부에서 벗어났습니다.

4. 힘들 때마다 가끔 읽던 자기계발서, 뇌과학, 마음공부(시크릿류의), 유명인의 에세이를 골라 아침 20분마다 읽습니다. 사실 책마다 내용이 엄청 차별화되진 않지만 읽고 마음을 다잡는 것과 다잡지 않는 것은 하루를 시작하는데 많은 차이가 있습니다. 우울함에 한 번 빠지면 헤어나오질 못하는데 이런 책을 20분이라도 읽고 단단한 마음으로 하루를 시작하면 매사가 감사하고 자신감이 생깁니다.

5. 8월까지 꼭 합격해야 할 대학원이란 목표를 이루려고 비용을 낸 것

이요! 사실 돈을 아끼고 천천히 해도 되지만 더 미룰 수가 없었습니다. 준비 기간이 길어질수록 슬럼프에 빠지는 게 보였거든요.

6. 성공의 기준을 바꾸고 있습니다. 돈, 명예, 평생직업에서 하루하루를 최선을 다해 보내고 이렇게 내가 하고 싶은 일을 하며 굶지 않는 것으로요. 솔직히 아직도 바꾸는 중입니다.

7. 이 일을 달갑지 않아 사람들을 미워했는데 그 사람들에게 감사한 면을 더 찾으려 하고 있고. 특히 부모님에게요. 부모님이 계셔서 굶지 않고 안락한 환경에서 공부를 할 수 있다는 것에 감사합니다. 이젠 부모님과의 마찰도 거의 없어졌고 엄마에게도 자주 사랑한다고 말하게 되었습니다.

8. 다음 루틴으로 넘어가기 위해 고민하는 시간, 생각 없이 바로 넘어가서 버리는 시간이 줄여지는 것입니다.

9. 아침에 스마트폰 안 보기! 100% 버리진 않았지만 적어도 자주 가는 커뮤니티는 지웠습니다. 전보다 게으름에서 빨리 벗어날 수 있습니다.

10. 하루하루 꾸준히 조금씩 했더니 큰 그림도 그려내고 자격증도 하나 땄습니다. 절대 혼자 못할 거로 생각했는데 한번 두번 성공하니 쉬웠네요. 다음에도 잘할 거라는 자신감이 생긴 게 자랑스럽습니다.

▶ 20대 초반 미용실 스텝

1. 하루를 더 길게 살 수 있다는 것

2. 하루의 시작부터 무언가에 성공했다는 뿌듯함에 자존감까지 올라
   간 것

3. 전공연습을 더 꾸준히 할 수 있던 것

4. 아침에 여유로운 식사를 할 수 있다는 것

5. 오늘 하루의 계획을 탄탄하게 세울 수 있는 것

6. 항상 대략 오늘은 뭘 해야지 하면 해야 하는 모든 일을 해낸 적이 몇
   없었는데 시간을 더 효율적으로 쓸 수 있고 성취감이 생겨 가장 좋
   았음

7. 매일 아침마다 매장에서 연습하기로 한 것(헤어 전공)

8. 늦잠을 자다가 하려던 일을 그르치거나 회사에 지각하던 습관들

9. 일찍 자고 일찍 일어나서 이전보다 피곤하지 않고 상쾌한 하루를 보
   냈을 때!

10. 지방러인데 서울에서 일하고 있습니다. 매일 일찍 일어나서 매장에
    서 연습하다 엄마 전화가 오면 벌써 일어나서 매장에서 연습한다며
    자랑할 때

▶ 20대 중반 취업준비생

1. 해가 뜨는 모습을 보며 하루를 시작하고 아침 운동을 통해 건강한
   몸과 정신을 수련합니다.

2. 바른 수면 사이클 유지를 통해 불면증을 개선했습니다.

3. 사용할 수 있는 시간이 늘어나 자기계발에 활용합니다.

4. 시험을 준비하는 처지에서 피곤하고 찌뿌둥한 상태로 부랴부랴 책상에 앉아 공부를 시작하는 것이 대부분의 나날이였습니다. 미라클 솔루션을 실천하게 된 이후로는 아침에 활용할 수 있는 시간이 늘어나 차분하게 마음을 가다듬고 하루를 시작하게 되었습니다. 시간이 흐름에 따라 움직이는 것이 아닌 자발적인 저의 움직임에 따라 시간이 흐르는 느낌을 받았습니다.

5. 제일 즐기던 새벽 시간을 포기하고 일찍 잠자리에 듭니다.

6. 일찍 잠자리에 들고 일찍 일어나 생산적인 하루를 만들어내려고 노력하고 있습니다.

7. 현재 내가 해야 할 것들에 대해 집중할 수 있는 몸과 마음을 지니게 해줍니다. 이러한 이유로 인해 같은 일을 하더라도 더 효율적으로, 더 가뿐하게 해낼 수 있게 되었습니다.

8. 친구들과의 야식&술을 즐기는 편인데 일찍 잠자리에 들다 보니 쓸데없이 배고파져 음식을 찾는 일이 줄어들었고 자연히 야식과 술 섭취량이 줄었습니다.

9. 한층 성숙해지고 단단해진 나 자신의 모습을 보는 것이 좋습니다.

10. 특정한 루틴을 정하고 해당 루틴을 반복해서 해낸다는 것. 그리고 그러한 반복을 통해 발전이 보이는 내 삶이 뿌듯합니다.

▶ **약대 준비 중인 29세 여성**

1. 온전히 나에게 집중할 수 있는 시간 확보에 감사하다.

2. 하루를 뿌듯함으로 시작할 수 있음에 감사하다.

3. 오늘 목표를 다 이룰 수 있을 것 같단 설렘으로 하룰 시작할 수 있음에 감사하다.

4. 하루를 길게 사용할 수 있음에 감사하다.

5. 각자의 목표를 위해 열심히 노력하는, 같이 할 수 있는 힘을 주는 사람들을 알게 됨에 감사하다.

6. 일찍 눈뜸의 힘듦을 이기고 일어났을 때, 뿌듯함과 함께 이 의지력과 강인함이라면 내가 목표한 그 어떤 것도 이룰 수 있겠다는 자신감이 생긴다. 하루를 이런 기분으로 시작하는 게 너무 좋다.

7. 이뤄지지 않은 목표를 보고 달리고 있는 내게 신호 없이 다가오는 두려움이라는 감정을 내가 쌓고 있는 자신감으로 떨쳐버릴 수 있어서. 그러곤 목표를 이루기 위해 좋은 에너지로 집중할 수 있어서.

8. 요일마다 몇 개씩 보았던 웹툰들을 안 본다.

9. 일이 없을 땐 오전 11시 12시까지 자는 게 일상이던 내가 매일 똑같은 시간에 일어나 하루를 계획하고 그 계획들을 지켜가며 지금 이 순간 내가 해야 할 것들을 먼저 해 나가며 버티는 삶, 통제하는 삶을 살고 있다.

10. 휴대전화로 웹툰이랑 유튜브 보는 시간이 사라졌다.

▶ **소방공무원 준비 중인 27세 남성**

1. 하루가 길어졌고 나도 할 수 있다는 자신감이 생겼습니다.

2. 아침은 절대 짧지 않다는 것을 깨달았습니다.

3. 누구에게나 똑같이 주어진 하루를 낭비 없이 알차게 쓰고 있는 것
   같아서 좋습니다.

4. 자기 자신과의 타협에서 이기고 아침잠을 이기며 침대 밖으로 나
   온 것이 기특합니다.

5. 아침을 보너스 시간이라고 생각하며 감사하며 살아가고 있습니다.

6. 처음에는 5시 50분에 귀 옆에서 울리는 알람을 듣기도 싫었다면 현
   재는 몸이 알아서 반응하여 알람 전에도 일어나기 시작합니다.

7. 늦게 자는 습관을 버렸습니다.

8. 아침에 일어나서 책상에 앉아있는 모습을 보며 뿌듯함을 느꼈습니다.

9. 하루 스케줄을 정리할 수 있게되었습니다.

10. 하루를 마무리할 때 스케줄표를 보며 다 이루었을 때 가장 자랑스러
    웠습니다.

▶ 외식업 마케팅 종사자 30세 여성

1. 밤에 일찍 잠들게 되는 패턴

2. 매일 청소하고 쾌적하게 책읽는 시간

3. 바쁘다는 핑계로 청소를 매번 쉬는날에만 하게되고, 미뤄왔는데 요
   즘 아침에 대청소 정도로 하면서 습관이 되어 집이 쾌적해져서 너무
   좋다.

4. 청소하면서 생각이 비워지는 시간이 되어 그 이후에 책을 읽으니 인

사이트가 내면에 가득 채워지는 느낌을 받아서 너무너무 좋아요.

5. 쓸데없는 곳에 더 돈을 안쓰게 되며, 모든 일에 절제 하게 되었다. 특히 음식! 에 절제중입니다.

6. 예전에는 배달음식을 밤늦게 많이 먹었는데, 아침 일찍 일어나야 하니 더부룩한 상태로 자면 매번 늦잠을 잤기에 아예 어플 삭제를 하고, 건강하게 아침,저녁은 항상 소식하는 중입니다.

7. 함께 이 세상 이순간에 존재하는 사람들의 소중함을 알게 되고, 하루하루 겸손해졌어요.

8. 타임루틴을 시작으로 무척 계획적이게 보이며 하는 게 많아 피곤해 보이겠지만, 나는 가장 단순하게 살아가기 위해서 루틴을 만들고 있는 것입니다. 루틴은 하루하루 습관화 되면서 쉬워지는 것이 정말 긍정적인 면 인것 같아요.

9. 쉬는 날에는 늦잠을 푹 자서 하루의 반을 날리는 것이 속상합니다. 쉬는 날에는 평소보다 1시간만 더 자기로 했어요. (그것만으로도 피로가 풀리며, 늦잠 때문에 매일 매일의 미라클 솔루션이 작심 3일 반복이었기 때문에.)

10. 최근에 이직하게 된 곳에서 여유롭게 일찍 출근하여 일 시작전에 조금 더 집중하는 시간을 가지게 되면서, 일의 능률이 높아지고 있는 점이 좋습니다.

▶ 27세 주부

1. 규칙적인 생활

2. 여유로운 삶에 활력

3. 좋은 에너지/정보를 서로 교환

4. 육아맘이다보니 육아에 치여 뭔가 하루가 정신없이 흘러갔는데 미모를 하다보니 좀 더 규칙적이고 여유로운 삶을 가질 수 있게 되어서 좋음

5. 계획적인 삶도 필요하다고 느꼈음

6. 육아에만 오로지 내삶을 투자하는 것이 아닌 나 스스로 가치를 올릴 수있는 자기계발의 시간을 가지자 모든 면에서 좀 더 효율성과 여유로움을 얻게 됨

7. 아이에게 대하는 태도 또한 여유를 조금씩 찾아가게 됨

8. 사실 집밥보다는 배달음식을 더 많이 시켜먹는 편이였는데 배달음식보다 집에서 자주 해먹을 수 있게 됨

9. 처음에는 어렵지만 점차 하다보면 스스로 몸이 적응하는걸 보니 어떠한 일이 있더라도 꾸준하게 하면 할수 있다는 것을 느낌

10. 늘 규칙적으로 안 먹구 자주 안 먹었지만 주변 지인들이 늘 걱정하고 하는 마음과 아이와 함께 식사를 하는 즐거움을 찾고 나서는 최대한 시간 맞춰 먹게 됨

▶ 온라인쇼핑몰 운영중인 29세 남성

1. 매일 새벽에 일찍 일어나는 것만으로도 성공하는 기분이 들고, 나는 할 수 있다는 자신감이 생겼음에 감사하다.

2. 게으르고 싶은날에도 함께하는 이들이 열심히 하는 것을 보면 다시 마음을 잡게되고, 본보기가 되기위해 열심히 노력하는 내 자신에게 감사하다.

3. 하루를 더 효율적으로 살아가는 방식을 터득했음에 감사하고, 매일 후회가 남지않도록 최선을 다해 살아갈 수 있다는 것에 감사하다.

4. 컨디션과 집중력을 떨어뜨리는 안좋은 습관들을 파악하고 개선할 수 있음에 감사하다.

5. 무언가에 집중하기 위해 사람들과의 연락과 만남을 끊고 내 일만 했을 때는 많이 외로웠는데, 이젠 관심분야가 비슷하여 대화가 잘 통하는 미라클 솔루션 멤버들과 함께한다.

6. 매일이 즐겁고 내가 고민했던 것과 똑같은 고민을 하는 사람들에게 도움을 줄 수 있어서 기쁘다.

7. 전엔 계획, 정리, 메모 강박증 때문에 많이 힘들었는데, 본질적으로 중요한 것은 내가 지금 무엇을 하고 있느냐라는 것을 알기에 안좋은 습관을 버리고 현재에 집중하는 삶을 살려고 최선을 다하고 있다.

8. 자세가 좋지 않았는데 바른 자세라는 목표를 둔 뒤 자세를 고쳐가는 중이며, 매일 스트레칭과 운동을 하여 피지컬과 멘탈관리를 하고 있다. 식사를 할 때도 절제하는 습관과 음식이 만들어지는 모든 과정

에 감사하며 먹으니 폭식하는 일이 없어졌고 살도 7키로나 빠졌다.

9. 웹툰, 영화리뷰, 드라마리뷰를 보며 시간을 낭비하지 않으며 이젠 영화라는 허상이 아닌 현재 내 삶에 집중한다.

10. 매일 규칙적인 수면, 식사, 운동을 통해 우울증도 극복하였다.

기적의 1초 습관

1판 1쇄 인쇄 2021년 12월 9일
1판 3쇄 발행 2023년 2월 20일

지은이   엄남미

펴낸이   김봉기
출판총괄 임형준
편집   김하늘
디자인   design霖 김희림
마케팅   선민영, 최은지

펴낸곳   FIKA[피카]
주소   서울특별시 서초구 서초4동 서초대로77길 55, 9층
전화   02-3476-6656
팩스   02-6203-0551
이메일   book@fikabook.io
등록   2018년 7월 6일 (제 2018-000216호)

ISBN   979-11-90299-24-4